문화예술경영 5

# 개념설계의 시대

제1부

# 문 열기

# 제1장 개념설계의 시대

## 늑대와 개의 시간

왜 개념설계의 시대인가?라는 질문에 답하는 것이 제1장이다. 그러기 위해 먼저 이 시대를 짚어본다. 사람들은 일반적으로 자기가 사는 시대에 주목하고 이전 시대와 비교하여 그 특징을 말하곤 한다. 4차 산업혁명, 저출산, 급속한 고령화, 통일 등의 담론이 매스컴을 장식한다. 이들 담론이 동시대성contemporary을 보여준다. 분명 지금까지 우리가 경험하지 못한 큰 변화가 있을 듯하다.

프랑스 말에 "늑대와 개의 시간"이란 표현이 있는데 이는 전환기에 새로운 사상이 나타남을 말한다. 낮은 밝아 늑대인지 개인지 분명하여 생각할 필요가 없고 밤은 보이지 않아 생각할 수도 없지만, 황혼녘이나 새벽녘엔 헷갈려 더 생각하고 그로 인해 새로운 사상이 나타난다는 것이다. 이 시대를 '늑대와 개의 시간'으로 비유할 수 있을 것이다.

이런 시간에 학자로서 손을 놓고만 있을 수 없어 새로운 발상을 해보았다. 걱정하면서 보내는 시간은 죽은 시간이기 때문이다. 걱정은 지나고 보면 90%는 기우임을 알고 있지만 지금 우리가 직면한 여러 도전은 기우에 그칠 것 같지 않은 쓰나미급이다. 이런 시대 변화를 불안이 아니라 기회로 볼 수는 없을까? 이런 의문에서 발상한 것이 바로 개념설계concept design다. 새로운 시각이 새로운 세상을 열기 때문이다. 기존 시각으로 보면 세상은 늘 그 세상이다. 지금부터 익숙하지 않은 그래서 헷갈리는 개념설계를 알아본다.

## 개념설계란

서울공대 교수들이 쓴 『축적의 시간』이란 책이 베스트셀러가 되었는데, 이 책의 핵심 메시지가 "개념설계가 미래 산업의 생존을 좌우한다"는 것이다.[1] 이렇게 중요성을 강조하지만 정작 개념설계가 무엇인지 어떻게 하는지에 대한 논의는 없다.

2018년 3월 현재 세계 시가총액 1위(애플), 2위(구글), 3위(아마존) 기업이 언제 창업되었는지 생각해보자. 모두 정보통신기술이 시작된 2000년 전후다. 사망한 스티브 잡스를 제외하면 래리 페이지, 세르게이 브린, 제프 베조스 등 젊은이가 창업한 기업이다. 이들은 정보통신기술이라는 기술 변화를 디바이스(애플), 플랫폼(구글), 온라인 유통(아마존) 등의 개념으로 설계하여 세계 최고 기업의 반열에 오른 것이다.

이러한 사례를 바탕으로 개념설계는 정의된다. 개념설계는 "시대성을 담아내는 새로운 개념 창안하기"를 말한다. 이를 좀 더 논의한다.

**닫힌 개념과 열린 개념**

여기쯤에서 사람들은 갸우뚱할 것이다. 구글이나 네이버 지식 창을 찾아보면 개념이란 '뜻, 의미'인데 어째서 개념을 설계한다고 할까? 개념에는 두 가지가 있기 때문이다. 이미 의미가 정해진 개념이 있고 시대성을 담아내는 개념이 있다. 전자는 닫힌 개념이고 후자는 열린 개념이다.

닫힌 개념은 일종의 동물 우리cage로 우리의 사고를 틀 안에 가두지만 열린 개념은 우리가 몰랐던 새로운 세상이 드러나게 하는 수태성fecundity을 갖는다. 그 개념 때문에 존재가 드러나는 것이다. 따라서 열린 개념은 생명력을 가진다. 그래서 혼돈을 피하려고 콘셉트라 표현해도 좋다. 열린 개념의 수태성을 보기로 하자. 김춘수 시인의 '꽃'이란 시다.

> 내가 그의 이름을 불러주기 전에는 그는 다만 하나의 몸짓에 지나지 않았다. 내가 그의 이름을 불러주었을 때 그는 나에게로 와서 꽃이 되었다.

꽃이라 불러주니 꽃이 된 것이지 그러기 전에는 꽃이 아니었다는 것이다. 열린 개념이 존재를 드러냄을 말한다. 또 다른 예다. 우리가 필기도구로 규정해놓은 연필을 애용하는 소설가 김훈 선생은 이렇게 말하고 있다.[2]

> 연필은 내 밥벌이의 도구다. 연필은 나와 글자 사이를 끌고 간다. 연필을 쥐고 글을 쓸 때 나는 내 연필이 신석기 사내들의 돌도끼나 대장장이의 망치, 뱃사공의 노를 닮기를 바란다. 대장장이의 망치와 화덕이 쇠를 바꾸듯이 글자가 세상을 바꿀 수 있을까. 수많은 글자를 쓰고 글자를 지우고 지우개 가루가 책상 위에 눈처럼 쌓이면 내 하루는 다 지나갔다. 밤에는 글자를 쓰지 말자. 밤에는 밤을 맞자.

따라서 개념설계는 '열린 개념 창안하기'로 간단히 정의해도 좋다. 이제 '창안하기'를 논의한다.

### 개념 모방과 개념 창안

기존 개념이나 타자가 만든 개념을 따라 하는 것이 개념 모방이고 자기 나름대로 시대성을 감안하여 새로운 개념을 만들어 내거나 기존의 개념을 바꾸는 것이 개념 창안creation이다. 세계 시가총액 1·2·3위를 달리는 기업의 창업자들은 훌륭한 개념 창안자다. 모방이 아닌 창안을 강조하려 설계design라고 표현한 것이다. 설계에는 설계자의 개인적 정신이 들어가 있어서 모방이 타자 중심적인 작업이라면 설계는 자기중심적인 작업이다. 자기중심적이기 때문에 개념설계는 다양할 수 있다. 정보통신기술을 디바이스(애플)·플랫폼(구글)·온라인 유통(아마존) 등으로 각자 다르게 설계한 것이 좋은 예다. 또한 개념 창안은 유연하다. 고정된 것이 아니라 시대성에 따라 변화되는 것이다. 따라서 개념 창안은 '기존 개념 새로 보기'라 해도 된다.

요약하면 창안이란 시대성을 나름으로 해석하거나 기존 개념 새로 보기로 정리할 수 있다. 이제 이 장의 질문인 왜 개념설계 시대인가에 답할 차례다.

## 왜 개념설계의 시대인가

개념설계의 시대와 대비되는 것이 '이즘ism의 시대'다. 자본주의·사회주의·마르크시즘·자유주의·모더니즘·포스트모더니즘 등 한 시대의 사상이나 관념을 표현하는 것이 '이즘'이다. 이즘이 지배적인 담론이던 시대가 분명 있었다. 하지만 늑대와 개의 시간으로 표현되는 동시대성에는 맞지 않는다. 지금은 하나의 관념으로 묶어서 얘기하기 어려운 각자 나름의 길을 간다. 사회성·통합성·전체성이란 정형성determinacy이 아니라 개별성이란 부정형성indeterminacy이 지배적 담론이 돼가는 시대다. 각자의 길을 가면서 사회와의 끈은 놓지 않는다.

예를 든다. 지금까지 사회가 행복을 가져다주는 줄 알고 유토피아를 꿈꾸며 열심히 달려왔더니 살기가 점점 더 어려워지는 것을 절감하고 작지만 확실한 행복에 눈을 돌린 것이 개별성의 예다. 또한 사회가 개인에게 강요한 결혼·연애·출산·취업 등을 '포기'하는 것도 개별성의 예다. 이제는 각자가 나름의 행복을 설계하고 인생을 설계하는 개별성의 시대가 된 것이다. 그렇다고 자신에게만 닫혀 있지는 않다. 타인과 사회에 대해 열려 있다. SNS를 통해서 타인과 소통한다. 불통이 아니다. 필요하면 언제든 아고라에 모여 자기 목소리를 낸다.

이즘의 시대와 개념설계의 시대를 간략히 비교한다. 이즘의 시대에는 사회가 개인의 사유를 규정했다면 동시대는 개인이 사회의 담론을 만들어가는 것이 특징이다. 따라서 개념설계의 시대는 이즘을 넘어서는 포스트이즘post-ism의 시대라 해도 된다. 사회를 중심에 두거나 타자 중심적 사고에서 개별성을 중심에 두는 사고로 바뀌는 프레임의 혁명이다. 실로 엄청난 변화다. 변화라기보다는 혁명이라 하는 것이 더 적합한 표현이다.

이런 혁명적 변화의 동시대성을 담아내는 담론이 바로 개념설계인 것이다. 따라서 이 시대를 '개념설계의 시대'로 바라보면 다양한 새로운 존재가 태어나지만 그렇지 않고 '이즘의 시대'로 바라다보면 새로움은 태어나지 않는다. 비생산적인 갈등만 일으킬 뿐이다. 이유는 이즘은 닫힌 개념이기 때문이다.

이 책은 이즘의 시대가 만들어 낸 닫힌 개념을 비판하고 열린 개념의 설계를 사적 영역인 기업 경영과 공적 영역인 국가 경영에 적용하여 어려움에 부닥친 우리 사회에 새로운 길을 열려는 목적으로 쓴다.

## 요약

책의 문을 열기가 쉽지 않음은 글을 써본 사람은 누구나 느낄 것이다. 근 6개월 가까이 고민하고 지인들에게 아이디어를 검증받아 겨우 쓴 내용이다. 가볍게 시작하지만, 뼈를 깎는다는 말이 실감 나는 시간을 보냈다. 제1장은 이 책의 키워드인 '개념설계'를 분명히 하는 데 할애한다. 개념설계에서 개념은 열린 개념이고 설계는 모방이 아니라 창안임을 강조한다. 또한 책 제목인 '개념설계의 시대'를 이즘의 시대와 대비하여 논의한다. 동시대성이 바로 이즘이 아니라 개념설계라는 것이다. 매우 중요한 발상이다. 이유는 늑대와 개의 시간이기 때문이다. 지금도 이즘의 프레임으로 세상을 보는 감옥에 갇혀 있으면 우리 사회는 비생산적일 수밖에 없을 것이다.

# 제2장 이해를 위한 예시

## 기업 활동에서의 개념설계

개념설계에 설계라는 말이 붙어 있어 개념설계는 건축가·패션디자이너·제품디자이너 등의 작업으로 한정하여 생각할 것 같은데 그렇지가 않다. 개념설계는 기업 경영을 비롯하여 철학·문학·예술·정치 등 시대성을 반영하여 새로운 가치를 창안하는 모든 영역에서 찾을 수 있다. 세계 최고 기업은 말할 것도 없고 우리 주변의 작은 자영업에서도 쉽게 개념설계의 예를 찾을 수 있다. 먼저 기업 현장에서 이루어지는 개념설계를 비즈니스와 경영으로 나누어 살펴본다.

**비즈니스 개념설계하기**

사례 1: 서점이 아닌 동네 책방이다.

책을 읽지 않으니 자연도태의 길을 걷게 되리라 예견된 동네 책방이 다시 뜨고 있다. 인터넷 공간을 돌아다니다 보면 동네 책방 탐방이 취미라는 이들이 많다. 조촐한 동네 서점을 찾아 멀리 소도시를 여행하고 동아리를 만들어 탐방 프로그램을 짜기도 한다. 주말마다 주민 독서가들의 독서 토론이 열리고 유명 작가들의 낭독회가 심심찮다. 근년 들어 한 해 새로 문을 여는 작은 서점은 300여 개에 이른다. 이에 발맞추어 출판사는 문고판을 내기 시작한다.

사례 2: 사람의 존귀함을 꽃이란 패턴으로 개념설계하다.

마리몬드라는 작은 회사가 있다. 대학에서 위안부 할머니를 돕는 동아리 활동을 하다 창업한 회사로 2017년 매출 100억 정도의 작은 회사다. 이 회사는 위안부 할머니 한 분 한 분의 스토리를 꽃 패턴으로 설계하여 배지badge를 제작하고 이 패턴을 컬래버레이션으로 소비재 포장에 활용하게 하는 등의 활동으로 돈을 버는 기업이다. 이렇게 번 수익금의 50% 정도를 위안부 할머니들을 위해 사용하는 비즈니스 모델이다.

사례 3: 드론 기술을 쇼에 활용하다.

2018년 평창 동계 올림픽의 폐회식을 장식한 것이 드론 쇼인데 이는 인텔의 기술이다. 1,000여 대의 드론을 제어하는 기술인 클라우드 비행 기술을 인텔이 개발한 것이다. 드론 쇼뿐만 아니라 재난 때 수색이나 지도 제작 등에 광범위하게 응용될 수 있어 무한한 잠재력을 가진 기술이다. 드론 기술의 세계 1위인 중국은 교통수단으로 활용하는 아이디어를 내고 있지만, 인텔은 드론 쇼를 개발한 것이다.

사례 4: 런웨이 패션쇼를 해체하다.

파리에서 열린 '2019 봄여름 파리 패션 위크'다. 세계 패션을 선도하는 디오르와 구찌가 함께 연 패션쇼가 화제다. 이유는 기존 패션쇼를 해체하는 시도를 하였기 때문이다. 기존 패션쇼는 모델이 옷을 입고 나와 걷고 들어가는, 즉 런웨이 방식이었다면 이번 패션쇼는 세 가지에서 다르다. 많은 모델이 한 번에 무대에 나와 철학적 콘셉트를 연기하는 연극이었고, 다음은 프렌치 팝의 상징인 제인 버킨의 음악과 그녀의 극적 등장으로 음악공연을 연상케 하였고, 세 번째는 방치된 경마장을 재단장하여 사용해 호텔에서 벗어났다.

사례 5: 이제는 웨어러블이다.

노키아는 다보스 포럼(2018.1.24.)에서 향후 1~2년 안에 암 조기 진단이 가능한 손목에 차는 웨어러블(착용형) 기기를 내놓겠다고 한다. 몸에서 악성종양이 생기는 변화를 알아내는 기술 개발에 성공했기 때문이다. 1990년대 세계 휴대전화

시장 강자였던 노키아는 통신 장비와 사물 인터넷(IoT), 클라우드(서버 임대 사업)로 사업을 전환한 데 이어 최근에는 웨어러블 헬스케어 기기로 영역을 넓히고 있다. 스마트폰 보조 기기가 아니라 토탈 헬스 케어 의료 기기로 설계하여 부정맥, 당뇨, 심지어 자살까지 막아 주는 웨어러블 기기로 진화하고 있다.

수많은 예를 들 수 있지만 주변에서 흔하게 접할 수 있는 예만 몇 가지 골라 예시하였다. 개념설계가 무엇이며 어떻게 해야 하는지 머리로 이해하려 하지 말고 현장에 가서 몸으로 느낄 것을 권한다. 서비스 개념설계는 일본이 탁월하게 앞서는데 거의 모든 중소 자영 업체가 나름의 서비스 개념을 가지고 세계 최고를 지향하고 있어 좋은 본보기가 될 것이다. 하지만 일본의 사례는 어디까지나 참고다. 시공간이 다르고 기술 여건이 다르면 시간과 공간에 맞는 개념을 궁리해야지 단순 모방은 곤란하다. 비즈니스 여건이 어려울수록 시대와 공간과 호흡하는 개념설계는 더 긴급하고 중요하다.

### 경영 개념설계하기

기업이 돈을 버는 원천은 비즈니스와 경영이다. 같은 비즈니스인데도 어떤 기업은 성공하고 어떤 기업은 그렇지 못한 이유는 바로 경영의 차이 때문이다. 좋은 경영이 있고 나쁜 경영이 있는데 좋은 경영의 핵심은 열린 개념이 있는 경영이고 나쁜 경영은 쥐어짜거나 우는 닫힌 경영이다. 쥐어짜거나 우는 경영에는 열린 개념이 없다, 일종의 폭력이다. 이유는 무개념이 개념을 대신하기 때문이다. 예를 들어 기업이 돈을 버는 것은 필요하고 중요하지만, 개념 없이 돈만 추구하는 경영은 구성원이나 사회에 큰 짐이 될 수 있다.

열린 경영을 위해서는 돈을 넘어서는 경영 개념을 설계해야 한다. 경영 개념은 시대성과 공간성을 고려하고 업의 특성을 염두에 두고 설계해야 하지만 기존 사례도 참고될 것으로 보아 세 유형으로 나눠 소개한다.

사례 1: 사람 중심 경영이다.

인재를 길러 내고 권한을 위임하고 이익을 골고루 나눠주는 경영이다. 대전의 성심당이 좋은 예다. 성심당 사례는 여러 책과 강연에서 소개되어 여기서는 하나만 눈여겨본다. 회의에 모든 직원이 골고루 발언할 수 있는 시간을 준다고 하는데 이는 시간의 생명화다. 시간은 죽은 시간과 산 시간이 있는데 자유로움이 없이 일방적 소통을 강요하는 시간은 죽은 시간이고 주체적으로 참여하는 시간이 산 시간이다. 모든 직원에게 평등한 발언 시간을 주는 것은 바로 시간에 생명력을 주입하여 시간을 춤추게 한다. 주 52시간으로 근무시간이 짧아지고 유연성이 줄어드는 것을 걱정하는데, 중요한 것은 살아 있는 시간, 생명이 있는 시간이 되게 하는 것이다. 사람 중심 경영의 핵심은 구성원의 시간이 살아 있게 하는 것이다.

사례 2: 환경 중심 경영이다.

환경 하면 미국의 파타고니아라는 아웃도어 회사가 좋은 예로 소개되고 있는데 이는 비즈니스 개념이지 경영 개념은 아니다. 경영 성과나 인사고과에 환경 점수를 포함하는 것이 진정한 환경 중심 경영이다. 국내 대기업 중에서 환경 중심 경영을 잘 하는 곳이 LG전자를 비롯한 LG그룹이다. 그 증거는 '대한민국 올해의 녹색 상품' 선정이다. 소비자 운동 단체가 주관하여 2018년 현재 9년째에 접어들고 있다. 이 상은 친환경 제품이면서 소비자가 좋아하는 제품을 전문가와 소비자 모니터링과 투표를 통해 선정하는 알찬 상이다. 이 상이 만들어진 초년부터 한국 대기업 중에서 유일하게 해마다 녹색 상품을 다수 출품하여 시민운동 단체로부터 칭송을 받고 있다. LG그룹은 정도 경영의 연장으로 환경 중심 경영을 하는 것으로 안다.

사례3: 사회적 가치 경영이다.

사회적 가치를 경영 성과에 포함하는 경영을 말하는데 대표적인 사례가 SK그룹이다. SK그룹은 경영 성과를 경제적 가치financial value와 사회적 가치social value로 평가하는데 이를 그룹 경영 시스템SKMS에서 DBL(double bottom line)이라 한다. 좀 생소한 표현이지만 경영 성과를 과거에는 손익(경제적 가치)으로만 평가했으나 사회적 가치까지도 포함해 평가한다는 것이다. 사회적 가치는 공정을 개선하여 에너지를 얼마나 절약했는지, 기업 생태계를 잘 조성했는지, 공유 인프라를 잘 활용했는지 등으로 측정하는 것으로 알려졌다. 과거 기업이 해온 재단을 만들거나 문화예술을 지원하는 메세나 활동 등은 사회적 가치 경영은 아니다. 사회 지원이 아니라 경영에 사회를 끌어들이는 협치協治가 사회적 가치 경영이다.

## 문학작품·사상·예술·학문·정치에서의 개념설계

개념설계는 비즈니스에만 국한하여 적용되는 개념이 아니라 문학·사상·예술·학문·정치 등 모든 영역에 걸쳐 적용되고 있는데 깊이 있게 다루기는 무리이고 간단히 그 예를 들기로 한다.

### 문학작품

문학이 아니라 문학작품이라 한 이유는 작가의 창의적인 개념설계 작업을 강조하기 위해서다. 문학작품은 삶에 대한 작가의 개념설계로 정의할 수 있는데, 독자가 작품을 읽는다는 것은 작가가 드러내고 있는 새로운 삶으로 들어가 지금까지 잊고 있거나 몰랐던 나와 우리를 돌아보는 경험을 하는 것이다.

보르헤스의 소설에 이런 내용이 나온다. 저승에 간 셰익스피어가 신과 나눈 대화다.

> 저는 누구입니까? (하느님 왈)'나' 역시 어떤 한 사람이 될 수 없다네. 그대가 작품을 꿈꾸었듯 나 역시 세상을 꿈꾸었으니까…… 그대는 나, 신처럼 수많은 사람이지 어느 한 사람이 아닐세.

창조주인 하느님과 작가를 버금가게 놓고 있어 지나침이 있지만, 이 대화는 작가가 개념설계한 다양한 인물character을 통해 새로운 삶이 창조됨을 말하고 있다. 톨스토이는 『안나 카레니나』에서 인간 내면의 나약함, 즉 흔들림을 드러내어 우리를 돌아보고, 현대 작가로 젊은이의 인기를 한몸에 받는 무라카미 하루키는 혼자의 삶을 봄날의 햇살처럼 그려낸다. 잔잔하고 희망적이다. 그러면서 적당히 멜랑꼴리하다. 그는 외롭지만, 함께 인생이란 길을 여행하자고 말한다. 그는 유행어가 된 소확행(작지만 확실한 행복)이란 개념을 창안했다.

한국 현대문학을 대표하는 박경리(1926~2008) 선생은 5부 16권으로 출간된 『토지』에서 주인공 최서희를 통해 한국 사회의 봉건성에 정면으로 도전한다. 최서희란 딸을 통해 아들 중심 사상에 도전하며 집안 일꾼인 김길상과의 혼인을 통해 양반과 상놈이란 계급의식에 도전한다. 양갓집 규수가 장사하여 돈을 모아 생업을 유지하고 독립 자금 지원을 통해 사농공상이란 직업의식에 도전한다. 한마디로 박경리 선생은 최서희 삶을 통해 봉건성으로 억압된 우리 사회 모순을 드러내고 있음이다. 문학작품 중 고전에 속하는 작품이 그려내는 삶은 우리에게 생명력을 일깨워서 삶을 의미 있게 한다.

## 사상

사상은 정신세계에 대한 철학자의 개념설계인데, 수많은 사상가가 있지만 마르크스Marx(1818~1883)의 유물론만큼 세상을 뒤흔든 사상도 없을 것이다. 그는 헤겔Hegel(1770~1831)의 변증법을 활용해 역사발전을 계급투쟁이란 개념으로 설계하고 예측하여 자본주의를 거쳐 역사는 사회주의로 완결될 것임을 예견하고 있다. 그가 예상한 역사 발전은 사회주의가 아니라 자본주의가 완결임이 밝혀졌지만, 그의 개념설계가 매우 분명하여 짧게 소개한다.

그는 산업혁명으로 고통받는 노동자의 삶을 목격하고 대

영제국 박물관 도서관에서 엥겔스의 경제적 도움을 받으며 설계한 개념이 바로 노동착취이다. 자본가의 노동자에 대한 착취가 왜 가능한지를 설명하는 논리를 하부구조와 상부구조로 나눠 개념설계를 한다. 하부구조는 생산력과 생산관계, 즉 생산수단과 그 소유구조로, 상부구조는 이데올로기로 개념설계한다. 종교를 비롯한 이데올로기를 자본가가 노동자를 착취하기 위해 설계한 허위의식으로 말한다. 그래서 종교를 아편에 비유한다.

마르크스의 사상만 예를 들어서 그렇지 그리스 철학자인 소크라테스·플라톤·아리스토텔레스를 비롯한 독일 철학자가 우리에게 남긴 사유 모두 그들이 나름대로 설계한 개념이다.

### 예술

뒤샹Marcel Duchamp(1887~1968)이 변기를 예술 작품으로 등장시킨 이후 개념예술이 탄생했다. 창작보다 개념에 중점을 두는 새로운 미술을 지칭하는 것이 개념예술이지만 실상 모든 예술은 알고 보면 작가가 개념설계한 관념적·감각적 이미지다. 가령 피카소의 대표작 〈게르니카〉를 보자. 그는 스페인 전쟁의 참상을 큐비즘을 활용해 인류 마음속에 영원히 잊히지 않게 한다. 만약 게르니카라는 그림이 없었다면 전쟁의 참상은 쉽게 잊혔을 것이다.

달리의 〈시계〉란 작품이 있다. 축 널어진 시계란 이미지로 삶의 권태를 드러내고 있는 명작이다. 권태란 인간의 피할 수 없는 숙명으로 예술가가 관심을 기울이는 주제다. 이처럼 예술 작품은 작가의 개념설계로 사회의 어두운 면을 드러나게 하여 우리를 자성하게 한다. 음악 또한 마찬가지로 요즘 주목을 받는 BTS의 음악 가사는 젊은이들의 힘든 삶을 드러내고 있어 세계적 호응을 받고 있다.

### 학문

학문은 인과관계에 대한 학자의 개념설계인데 경제학을 간단히 소개한다. 경제학의 창시자인 애덤 스미스Adam Smith(1723~1790)는 선진 사회인 프랑스를 여행하면서 계몽사상가들을 만난 후 영국을 부강하게 하는 개념설계를 하는데 그 결과물이 바로 '국부론'이다. 그가 부강한 나라를 생각하면서 설계한 개념은 이기심·분업·시장기구라는 세 키워드로 요약할 수 있는데 간단히 소개한다.

먼저 그는 종교에서 악으로 치부한 이기심을 선으로 보았다. 하지만 모든 이기심을 선으로 본 것이 아니라 공감으로서 이기심을 선으로 보았다. 공감이란 누구나 그 상황이 되었을 때 그렇게 행위를 함을 말한다.

그다음이 분업인데 선으로서의 이기심을 충족시키는 가장 효율적인 방법이 분업이라는 것이다. 이전의 작업이 혼자서 다 하는 일업一業이었기에 나눠서 하는 분업은 매우 획기적인 작업 방식으로 새로운 개념설계에 해당한다.

끝으로 시장기구다. 분업으로 생산한 제품을 교환할 수 있는 시장기구가 발달해야 경제는 발전한다고 보아 '시장기구'를 경제발전의 핵심 개념으로 규정한 것이다. 이후 그의 사상은 케인스Keynes(1883~1946)에 의해 보완되었지만 지금도 시장경제의 논리적 지침으로 변함이 없다. 노벨 경제학상은 개념설계로 새로운 현상을 드러낸 학자에게 주어진다.

### 정치

정치 또한 마찬가지로 통치 방식에 대한 정치가의 개념설계인데, 한국의 압축 성장 시대를 견인한 개념은 조국 근대화이고 뒤를 이은 문민정부는 민주화가 개념이며 지금은 사회문제 해결이 정치 개념이다. 우리의 예를 드는 것이 조금 부담스러울 수 있어 진시황의 분서갱유를 예로 들어 보완 설명한다. 전쟁으로 민생을 도탄에 빠뜨린 춘추전국시대를 종결하고 국가 시대를 연 진시황이 택한 정치 개념이 바로 '분서갱유焚書坑儒'다. 분서란 과거를 그리워하는 책을 태운 것이고 갱유란 과거 사상에 얽매여 새로운 세상을 외면하는 유학자를 불태워 죽임이다. 통일 이전의 봉건시대는 도덕으로 통치하는 덕치德治가 정치 개념이었다면 국가시대는 방대한 국가를 법으로 통치하는 법치가 정치 개념이다. 덕치시대는 유가가 그 중심이었지만 법치시대는 한비자의 법가 사상이 그 중심에 있다. 덕치에서 법치로 옮겨가는 데 걸림돌이 되는 과거를 청산한 조치가 바로 분서갱유다. 분서갱유를 악행으로 보기보다 그 시대 정치 개념의 실행으로 보는 것이 타당할 것이다.

이상의 여러 분야를 보면 개념은 언어뿐만 아니라 작품·사상·행위·실행 등 다양한 기호임을 알 수 있고 이들로 인해 새로운 존재가 드러나고 우리의 삶이 그만큼 더 풍요로워지는 것도 짐작할 것이다. 개념으로 인해 새로운 세상이 열린다. 따라서 개념 발전이 곧 인류 문명 발전이다. 개념이 단순하거나 올드한 나라는 그만큼 미발전이고 후진인 나라라 해도 된다.

## 요약

제2장에서 기업은 물론이고 문학작품·사상·예술·학문·정치 등 모든 영역을 개념설계란 눈으로 바라본다. 기업은

비즈니스와 경영으로 나눠 예를 들었는데 그 핵심은 열린 개념이 있을 때 비즈니스는 생명력을 갖고 경영 또한 살아 있는 경영이 된다는 것이다. 열린 개념이 없거나 시대에 뒤떨어진 개념은 닫힌 개념이거나 죽은 개념이다. 이런 경우 쥐어짜거나 우는 경영이 될 수밖에 없다. 이어서 개념설계의 눈으로 문학·예술·사상·학문·정치 등을 보고 있는데 요약하면 다음과 같다.

문학작품은 작가의 개념설계로 드러난 새로운 세상이고 미술작품이나 음악 또한 아티스트의 개념설계로 드러난 사회 모순이나 숨겨진 감정을 드러냄이다. 사상이나 학문도 마찬가지로 철학자나 학자의 개념설계로 볼 수 있다. 우리 생활에 직접적인 영향을 미치는 정치 또한 정치가들의 개념설계 때문에 시대마다 달라지는데 '분서갱유'가 하나의 예다.

# 제3장 개념과 설계에 대하여

## 개념에 대하여

다소 아카데믹하지만 개념과 설계를 좀 더 논의해야 할 시점이다. 먼저 개념에 대해 논의한다.

호암 이병철 회장(1910~1987)이 죽음을 앞두고 차동엽 신부에게 던진 종교적 질문 24개 중 첫 질문이다. "신의 존재를 어떻게 증명할 수 있나? 신은 왜 자신의 존재를 똑똑히 드러내 보이지 않는가?" 이 질문에 철학자 김용규 박사는 "존재한다고 믿는 사람에게 신은 존재한다"고 답한다.[1] 이 질문에 이렇게 답할 수도 있을 것이다. "신이란 개념이 있어서 신은 존재한다."

마찬가지로 프로이트Sigmund Freud(1856~1939)가 꿈을 분석하여 인간에게는 의식이 아닌 무의식이 있음을 말한 이후에 무의식은 존재하게 된 것이다. 그의 제자 융Karl Jung(1875~1961)이 콤플렉스라는 개념을 만든 이후 유년의 정신적 상처가 세상에 드러났다.

또 이런 생각도 해본다. 민족이란 개념이 19세기쯤에 등장한 이후 우리는 내 이웃을 민족이란 눈으로 보는 민족주의가 탄생한 것이다. 더 말할 수 있다. 상해 임시정부에서 대한민국이란 국호·국기·헌법을 제정한 이후에야 비로소 지금의 대한민국이 존재하게 된 것이다. 그렇다면 반만년 역사를 이어온 조상이 산 나라는 뭐지 하는 생각을 할 것이다. 대한제국이고 조선이고 고려이고 신라·고구려·백제이고 고조선이다. 즉 고조선이란 국호가 있어 고조선은 존재한다.

이러한 소소한 예들은 "개념concept이 있어 존재가 있음"을 말한다. 나한테 어떤 개념이 없으면 설혹 존재하더라도 나에게는 없는 것이 된다. 문화학자인 유홍준 교수는 『나의 문화유산답사기』에서 "아는 만큼 보이고 보이는 것만큼 느낀다"고 말한다. 무엇을 안다는 것일까? 바로 개념이다. 문화유산에 대한 지식은 알고 보면 다 개념을 갖는 것이다.

분석철학자인 비트겐슈타인Ludwig Wittgenstein(1889~1951)은 "언

어의 한계는 세계의 한계다"라고 한다.[2] 이는 언어가 세상과 논리적 구조를 공유하여 세상에 관한 진리를 그려내는 특권적 역할을 한다는 것이다. 그리고 언어로 그려지지 않는 것, 즉 말할 수 없는 것에 대하여는 침묵할 것을 권고한다. 그러다 후기로 오면서 그는 언어는 세상의 거울이 아니라 언어 게임(놀이)에서 사용되는 도구라고 하여 언어의 인위성을 말하고 있다. 이는 새로운 개념을 만들어 새로운 세상을 드러나게 함을 말함이다.

지금 한창 한국 사회를 흔들고 있는 미투(나도 당했다)를 그는 언어 게임으로 볼 것이다. 미투가 없었을 때도 성희롱은 존재했겠지만, 이것이 있음으로써 성희롱과 성폭력이 세상에 드러나게 된 것이다. 이상의 여러 예를 보면서 개념을 존재가 드러나게 하는 생명력으로 정의한다.[3]

하지만 모든 개념이 생명력을 갖는 것은 아니다. 닫힌 개념이 있기 때문이다. 닫힌 개념도 열린 개념으로 거듭날 수 있는데 그러려면 '흔들기'가 필요하다.

### 닫힌 개념 흔들기

오랜만에 오는, 특히 봄에 오는 비를 우리는 단비라 한다. 단비는 알맞을 때 내리는 비를 암시한다. 그럼 부적합한 시기에 내리는 비는 무엇이라고 할까? '쓴비'라 해야 할 텐데,

흥미롭게도 그런 단어가 없다. 대신 필요 이상으로 많이 쏟아지는 비, 피해를 주는 비에 해당하는 폭우, 홍수가 있다. 가을 추수 때 내리는 비는 일을 못 하게 하고 곡식의 건조를 어렵게 하므로 부적시 비임에도 쓴비라는 개념이 없어 흥미롭다.

말장난 같지만, 사랑에도 단사랑이 있고 쓴사랑이 있을 수 있다. 혼인 시기가 되어 남녀가 짝을 찾도록 하는 사랑은 적시 사랑으로 단사랑이 될 것이고 반대로 요즈음 말썽이 되는 권위주의적 성폭력은 부적시 사랑으로 쓴사랑이 될 수 있음이다. 기왕 '달다'와 '쓰다'로 말을 내놓았으니 하나만 더 예를 들자. 쓴웃음은 있는데 단웃음은 없다. 즐겁지 않은 억지웃음이 쓴웃음이라면 활짝 행복해서 웃는 웃음은 달다고 해야 할 것이다.

가족이라 할 때 어떤 감정이 드러나는지 생각해보자. 아마도 친밀감·사랑·의무·참아 내기 등등 긍정적 감정도 있겠지만, 가장의 권위에 의한 폭력·무조건적 복종 등 부정적 감정도 있을 것이다. 루이즈 부르주아Louise Bourgeois(1911~2010)는 '마망'이란 조각을 통해 아버지의 폭력성과 어머니의 한없는 포용성을 드러내고 있다. 이런 생각을 해 볼 수 있다. 타인을 가족처럼 생각하거나 가족을 타인처럼 생각할 때 어떤 감정이 새로 드러날까? 우리 사회엔 유독 가족이란 개념이 여기저기 쓰인다. 고객을 가족처럼, 동료를 가족처럼, 후배를 동생처럼, 이웃을 가족처럼 등등. 친밀감이란 긍정성만 있으면 문제가 없겠지만, 폭력성이란 부정성이 들어가면 '가족처럼'은 매우 위험한 개념이 될 수 있음이다. 차라리 타인은 타인으로 불러주고 대해주는 것이 오히려 존중감이 살아날 수 있을 것이다.

이처럼 우리가 무심코 사용하는 개념을 곰곰이 따져 보는 것을 '개념 흔들기'라 한다. 개념 흔들기를 해보면 우리가 닫힌 개념의 감옥에 갇혀 있음을 깨닫게 될 것이다. 한편 개념이라 하니 말, 언어에 한정된 것으로 연상할 텐데 그렇지 않고 다양하다.

## 개념은 다양하다

개념은 다양하다. 문호들이 그려내고 있는 작품 속의 인물이나 세상, 예를 들면 추상화가 피카소의 대표작 '게르니카' 또한 개념이다. 도스토옙스키의 『죄와 벌』『카라마조프가의 형제들』『백치』 등도 일종의 개념이다. 비즈니스에서 개념은 매우 다양한데 제품 콘셉트나 브랜드 콘셉트가 대표적이다. 정권 또한 마찬가진데 박정희 대통령은 압축 성장이 정치 개념이고 이후 들어선 문민 정권은 민주화가 개념이다. 그뿐만 아니라 내가 오늘 사용하는 말, 생각하는 사유, 누구와의 만남, 보는 책이 모두 개념인데, 이것으로 인해 새로운 세상이 드러날 수 있다.

한편 이런 것도 개념일 수 있다. 좋아하는 일, 잘할 수 있는 일이 존재하는 것이 아니라 어떤 계기로 좋아하고 잘할 수 있는 일이 드러나게 된다. 따라서 어떤 계기도 개념이다. 어느 천재 얘기다. 중학교 때 선생님에게서 머리가 나쁘다는 평을 들은 학생은 고등학교 진학을 포기하고 부두 노동자로 일하다 우연히 IQ 검사를 해보고 자신이 천재급에 속하는 IQ임을 알고서 그때부터 다시 공부를 시작하여 멘사 클럽의 회장까지 되었다.

오늘 누구를 만나고 어떤 사유를 하고 어떤 책을 읽느냐가 바로 자신의 개념일 수 있다. 타인의 칭찬이나 인정 또한 개념이다. 이렇게 말할 수 있겠다. 운명이란 용어가 있어 운명은 존재하는데 나의 운명은 바로 내 생각·만남·행위로 창안된 개념일 수 있다.

### 설계에 대하여

설계는 디자인을 번역한 용어이기 때문에 디자인으로 바꾸어 논의한다. '디자인 역설'이란 말이 있다. 디자인은 대상에 대해서는 끊임없이 사유하지만 정작 그 자신에 대해서는 사유하지 않음을 말한다. 그래서 디자인이 무엇인가?라고 물으면 이 분야의 전문가라도 망설이거나 네이버나 구글에서 검색하기 마련이다. 디자인 자체를 사유하는 것을 디자인 철학이라 하는데 프랑스의 스테판 비알 교수가 대표적이다.[4] 그가 정의한 내용을 정리한다.

먼저 디자인은 "구별되는 기호로 나타내다, 선으로 그리다, 가리키다"라는 의미의 라틴어 designare에서 유래한 용어로 '그리다[dessin]'가 중심이지만 '나타내다, 가리키다'에 해당하는 의도[dessein]도 내포되어 있기도 하다. 따라서 디자인은 구별 짓는 기호를 새로 만들고 그것에 의미를 부여함을 말한다.

다음으로 디자인 철학은 'de+sign'이란 파자로도 디자인의 의미를 찾는다. 벗어남, 탈의 의미인 'de'에 주목하면 기존의 개념을 해체하고 새로운 개념을 그려내는 것이 디자인임을 함축하고 있다.

디자인에 대한 논의를 바탕으로 설계의 의미를 정의하면 기호 만들기와 기호 깨뜨리기이고 의미 부여다. 만들기와 깨뜨리기란 모순된 행위를 의미 부여가 소화하고 있는 것이 디자인인데 세계적 패션 디자이너인 하라 켄야의 말을 들으면 그 중요성을 짐작할 것이다.

"디자인은 존재하는 사물things that are을 구상하는 것이 아니라 발생하는 사물things that is becoming을 고안하는 작업이다."

그는 존재를 재현함이 디자인이 아니라 존재의 발생이 디자인임을 말하고 있다. 디자인은 수태성을 함축하고 있다.

**요약**

제3장은 개념과 설계를 좀 더 자세히 이해하는 데 할애한다. 개념은 존재를 드러나게 하는 수태적 힘을 갖는데 우리가 경직되게 사용하고 있어 '흔들기'를 하면 새로운 개념이 탄생할 수 있음을 강조한다. 또한 개념은 말·행위·계기 등등 다양함도 말한다. 마지막으로 어원 분석으로 디자인의 의미가 만들기·깨뜨리기·의미 부여 등으로 규정되는데 그 핵심은 수태성이다.

제2부

# 개념설계를 위한 생각의 혁명

# 제4장 개념설계의 망치

## 개념설계를 위한 생각의 혁명

중국이 우리를 따라온다는 언론 보도를 접하고 올해 초 확인차 상하이 가족여행을 했다. 그 느낌을 간단히 소개한다.

서비스업의 상징으로 꼽히는 스타벅스의 새로운 매장인 스타벅스 리저브 로스터리(그림 참조)가 상하이 중심인 푸둥에 자리하고 있다. 그 매장에 들어가기 위해 놀이공원에 줄을 서듯이 젊은이들이 입장을 기다리고 있었다. 택시를 타는데 현금이나 신용카드는 받지 않고 핀테크인 페이로만 요금을 낼 수 있었고, 공항에서 상하이 중심으로 들어가는 교통

수단은 고속철도가 아니라 자기부상열차였다. 인민 공원엔 뮤지엄·시청·공원이 공간을 구성하여 공공서비스와 예술, 자연의 조화를 이루었고 옛 방직공장 자리에 예술인들의 창작 공간이 들어서 있었다.

갑자기 중국 얘기를 꺼내는 이유는 중국은 우리의 개념을 모방하고 있지 않다는 것이다. 새로운 개념설계로 다른 길을 가고 있음을 말하고 있다. 모방이나 기존의 눈으로 세상을 보면 모두가 모방하고 따라오는 것으로 보인다. 개념설계의 눈으로 볼 때 자신의 길을 가고 있음이 보인다.

우리에게 진짜 필요한 것은 세상을 개념 모방으로 보는 것이 아니라 개념설계의 눈으로 보는 것이다. 빠른 모방으로 우리 경제는 여기까지 왔다. 나쁘진 않다. 개념 모방으로 생존할 수 있으면 그렇게 해도 좋다. 문제는 개념 모방으로 생존하기 어려울 때인데, 이런 경우 새로운 개념을 설계해야 하는데 우리의 정신세계가 개념설계를 담아내는 데 이르지 못하고 있다.

정신세계, 즉 생각을 바꿔야 한다. 모방이나 기존의 개념을 따르는 노예적 생각으로 개념설계를 제대로 할 수는 없다. 어떻게 생각을 바꿀까? 먼저 과거의 지배를 받는 머리를 망치로 쳐야 하고, 새로운 개념설계를 하는 사고기법을 이해해야 하며, 그런 연후에 시대성을 읽어 내는 축을 세워야 한

다. 세 가지를 제2부에서 다루고자 한다. 개념설계의 망치부터 시작한다.

### 개념설계의 망치를 든 사람

앞사람이 걷고 간 길을 따라가면 안전하고 편하고 효율적이다. 그래서 우리는 잘 닦아놓은 길을 따르고 존중한다. 그 길이 생명력을 갖고 있을 때는 더 열심히 빨리 걸으면 앞선 자를 따라잡을 수 있고 옆에 오던 경쟁자를 추월할 수도 있다. 하지만 그 길이 생명력을 잃어가는 경우 빨리 열심히 가는 것이 더 위험할 수 있다. 이 시대가 바로 과거 우리가 달려온 길의 생명력이 의심받는 '늑대와 개의 시간'이다. 그래서 지금까지 우리가 따르고 믿었던 길을 의심하고 비판하고 점검할 필요가 있는 것이다.

니체Friedrich Wilhelm Nietzsche(1844~1900)는 그의 책 『반시대적 고찰』에서 시대와 연결하여 개념을 생각할 것을 말하고 있다. 우리가 알고 있는 도덕까지도 그 시대의 산물이지 지금에 와서 맞는다고 할 수 없다고 한다. 그래서 잊어야 한다고 그는 말한다.[1]

우리가 알고 있던 기존 개념을 의심하고 분해하여 새로운 개념을 설계하려면 어찌해야 할까? 망치가 필요하다. 망치

로 머리를 치지 않으면 우리의 뇌는 편한 길을 따라 가는 게 좋다고 안내한다. 인간이면 누구나 그렇다. 이런 인간적 한계를 벗어나는 사람이 바로 '개념설계의 망치'를 든 사람이다. 망치 든 사람의 예를 든다.

사례 1: 조용필

1968년 록그룹 애트킨즈로 데뷔한 조용필은 올해로 데뷔 50년을 맞았다. 한국 대중음악계에서 50년 동안 중심에 서 있는 조용필을 두고 문화평론가 박준흠은 말한다. "대중음악계에서 조용필이 차지하는 비중은(중략) 제주도에서 한라산이 차지하는 비중과 같다."[2] 한라산으로서 그는 한국 대중음악 역사 그 자체라 할 수 있다. 포스텍에서 음악을 강의하고 있는 양은영 교수는 그가 한라산으로 우뚝 서게 된 이유를 3단계로 나눠 분석하고 있다.[3]

한국 대중음악은 세 시기로 구분할 수 있는데 제1기는 1960년대 후반부터 1980년대 초반까지로 기성세대의 트로트와 미군 부대에서 나온 록이 유행한 시기다. 제2기인 1980년대 중반부터 2000년대 초반까지는 소프트 록과 헤비메탈·발라드가 혼재한 시기이며, 2000년대 후반부터 현재까지 힙송 중심의 댄스음악이 음악 시장을 석권하고 있는 이 시기가 제3기에 해당한다.

제1기에 조용필은 트로트와 록을 접목하여 한국 고유의

정서를 잘 살려낸 록 음악으로 그 명성을 얻었는데 대표곡이 「창밖의 여자」다. 제2기에 그는 소프트 록과 발라드로 장르를 넓혀 「여행을 떠나요」 「허공」 등으로 공전의 히트를 친다. 잠잠하던 그는 제3기에 접어들면서 댄스 음악, 그중에서도 훅송(영어로 된 짧은 말을 반복하는 춤곡)인 「Bounce」로 또다시 세상을 들썩이게 했다.

조용필은 이처럼 시대의 흐름을 간파하여 이를 노래로 담아내어 가왕으로 불리게 된 것이다. 한마디로 기존의 나에 얽매이지 않는다. 시대의 변화에 맞게 기존의 나를 깨고 나온다.

사례 2: 래리 페이지

시가총액 세계 1위가 애플이지만 스티브 잡스에 대한 얘기는 많이 하고 있어 2위 기업인 구글의 공동 창업자인 래리 페이지Larry Page(1973~)의 성공 코드를 찾아간다.[4] 먼저 그의 말을 들어보자.

> 어린 시절 내 미래를 생각하는 나이가 되었을 때, 나는 교수가 되거나 회사를 차리겠다고 결심했다. 이러한 직업이 많은 자율성, 그러니까 세상을 지배하고 있는 통념을 그대로 받아들이기보다 기본 원리와 현실 세계에 맞춰 생각할 자유를 줄 거라고 느꼈다.

그가 생각한 코드가 자율성임을 말하고 있다. 그가 말하는 자율성은 세상의 통념에 도전하는 것이다. 예를 들어 모든 웹을 다운로드해서 연결 상태를 유지하는 검색엔진을 생각했고 웹페이지를 링크 형식에 따라 등급을 매기면 훨씬 더 나은 검색 결과를 올릴 수 있다는 것을 생각했다.

또한 사람들이 의문시하던 오픈소스 운영 체계를 모바일 사업에 최초로 도입하였다. 그의 사유를 알아볼 수 있는 두 번째 말을 들어 보자.

> 실제로 많은 기업이 조금씩 점진적으로 변화하는 가운데 늘 하던 일을 편하게 하려는 경향이 있다. 이런 식의 점진주의incrementalism는 시간이 지나면 낙오하기 마련이다. 특히 기술 분야에서 그렇다. 기술의 변화는 점진이 아니라 혁명의 경향을 보이기 때문이다.

기술의 발전을 혁명으로 보는 코드를 그는 가지고 있었다. 이것은 그의 성공을 설명하는 데 매우 중요하다. 통념에 도전하고 기술 발전을 혁명으로 보는 그의 코드가 구글이란 회사의 코드가 된 것이다. 그의 세 번째 말을 듣자. 인재를 중심에 두는 구글의 코드를 엿볼 수 있을 것이다.

시간이 지난 뒤 나는 거대한 야망을 품은 팀을 조직하는 것이 굉장히 힘들다는 것을 알고는 놀랐다. 사람들은 대부분 상상할 수 없는 것을 상상하는 교육은 받지 않기 때문이다. 구글에서 독립적으로 사고하고 원대한 목표를 세우는 사람을 채용하기 위해 유난히 공을 들이는 것은 바로 이 때문이다. 여러분이 올바른 사람을 채용하고 커다란 꿈을 가지고 있다면 여러분은 그 목표를 성취하게 될 것이다. 또 설혹 실패한다고 해도 여러분은 뭔가 중요한 것을 배울 것이다.

사례 3: 무히카

게릴라 활동을 하다 의회에 진출하여 우루과이 대통령이 된 호세 무히카(1935~) 우루과이 대통령에 관한 얘기다. 세상에서 가장 가난한 대통령으로 알려졌으며 28년 된 자동차를 끌고, 대통령 월급 90%를 기부했고, 고등학교 졸업장도 없지만 철학자로도 소개된다. 이런 호평이 있다고 해서 사례에 넣지는 않는다. 검소하고 나누면서 삶을 산 사람들의 사례는 우리 주변에 드물지 않기 때문이다. 다른 이유가 있어 여기에 소개한다. 그가 주목한 지속가능성이란 담론 때문이다. 그가 2012년 6월 12일 리우에서 열린 UN 환경 회의에서 행한 연설로 유명한데 소책자小冊子의 한계로 생략하지만 참고 문헌에서 확인하기를 권한다.[5]

이들이 손에 든 것은 돈·명예·권력이 아니라 기존의 프레임을 깨는 망치다. 어떤 망치가 있을까? 우상에서 벗어나기, 반증주의로 기존 이론 넘어서기, 패러다임 시프트로 판 바꾸기, 프래그머티즘으로 실용적 진리 찾기 네 가지가 있는데 모두 철학에서 찾은 것이다. 모든 존재와 지식을 의심하는 것이 철학이라, 철학이 말하는 답이 근본에 가깝기 때문이다.

### 우상에서 벗어나기

우상이란 편견이나 선입견을 말하는데 특히 경험주의로 진리를 찾아가는 경우 우상을 이해하고 벗어나는 것이 중요하다. 영국을 대표하는 경험주의 철학자인 베이컨Francis Bacon(1561~1626)은 네 가지 우상을 우리에게 말하고 있는데 종족·동굴·극장·시장의 우상이다.[6] 종족의 우상은 인간으로 갖는 편견과 선입견을, 동굴의 우상은 자기 경험으로 인한 편견과 선입견을, 극장의 우상은 유명인의 말을 무조건 믿는 편견을, 시장의 우상은 많이 듣는 것을 옳다고 믿는 편견을 말한다.

이러한 우상에서 벗어나려면 우상 깨기가 필요한데 그러

려면 비판하고 토론해야 한다. 어떤 이론이나 주장, 경험을 그대로 받아들여서는 안 된다. 설혹 기존의 것이 진리이더라도 비판과 토론은 필요하다. 이유는 같은 영국의 철학자인 밀John Stuart Mill(1806~1873)이 제1론·제2론·제3론이란 논리로 답한다.[7] 2018년 암을 일으키는 면역 메커니즘을 규명한 공로로 노벨 생리학상을 받은 혼조 다스쿠 교수의 말이다. "다른 사람이 쓴 것을 믿지 않고 내 머리로 납득될 때까지 연구하는 것이 내 방식이다. 스스로 이해될 때까지 어떤 연구도 안 믿는다. 학술지 「사이언스」에 실린 논문의 90%는 거짓말이다."

## 반증주의로 기존 이론 넘어서기

학자가 진리를 찾아가는 방법으로 가장 신뢰하는 것이 논리실증주의인데 반증주의는 이를 넘어서는 연구 방법으로 기존의 프레임을 깨는 망치로 매우 매력적이다. 먼저 논리실증주의부터 간단히 소개한다.

오스트리아 학자인 카르납·햄펠·노이라트·비트겐슈타인 등이 제안한 것으로 인문학을 제외한 사회과학·자연과학에서 사용되는 가추법abduction이 바로 논리실증주의로 진리를 찾아가는 방법이다. 가추법은 가설을 추론하여 검증하는 것인데, 가설 추론의 근거가 되는 지식 구조인 스키마가 매우 중요하다.[8]

이런 식이다. "광고를 많이 하면 매출이 증가한다." 광고 후 매출이 증가하는 것을 입증하면 광고와 매출의 관계는 하나의 스키마가 된다. 논리실증주의는 이 스키마를 반복해서 검증하는 것이 특징이다. 다만 광고를 조금 할 때는 매출 변동이 없다가 어느 수준을 지나면 매출이 급격히 증가한다는 식의 스키마를 확장하는 논문이 있긴 하지만 기존 스키마를 벗어나지는 않는다. 따라서 논리실증주의는 기존의 스키마는 철저히 입증할 수 있지만 이를 벗어나는 현상을 설명하는 데 취약성을 피하기 어렵다.

이런 취약점을 알고서 광고하지 않았는데도 매출이 증가하고 광고했는데도 매출이 증가하지 않는 경우는 어떻게 설명할까를 고민하여 진리를 찾아가야 한다는 것이 포퍼Karl Popper(1902~1994)의 반증주의이다.

반증주의로 연구하려면 통찰이 필요하다. 즉, 기존의 스키마로 설명할 수 없는 현상을 감지해야 한다. 따라서 현상을 보고서 인과추론하는 통찰이 중요하다. 이런 통찰이 배제된 연구에서는 새로운 아이디어가 나오기 어렵다.

이처럼 반증주의는 논리실증주의 연장선에서 기존의 스

키마에서 벗어난 현상을 설명하여 새로운 지식을 발견하는 인식론으로 현대 과학의 핵심 연구 방법론이다. 예를 들어 미국식 경영이 바이블인 줄 알았는데 일본이 80년대에 미국을 추월하자 일본식 경영에 주목하는 것과 같다.

개념설계자는 기존의 스키마에 갇혀서는 안 되기 때문에 반증주의는 인식론으로서 중요하다. 권한 위임이 생산성을 높인다는 일반적인 스키마가 있다고 치자. 권한 위임을 하지 않았는데도 생산성이 높다면 그 이유가 무엇인지를 의심하고 밝히고자 하는 것이 반증주의적 인식론이다.

## 패러다임 시프트로 판 바꾸기

세 번째 망치가 패러다임 시프트인데 이를 만든 이는 토머스 쿤Thomas Kuhn(1922~1996)이다.[9] 쿤의 논리는 앞서 논의한 논리실증주의나 반증주의와는 달리 변증법을 도입하여 창안한 인식론이다. 변증법은 관념이나 물질을 모순과 투쟁의 눈으로 보는 것으로 그리스 시대부터 시작된 것이다. 변증법은 관념적 변증법과 유물론적 변증법으로 나눌 수 있는데 전자는 헤겔에 의해, 후자는 마르크스에 의해 구체화하였다. 헤겔의 관념적 변증법을 역사 발전이 아닌 학문 연구에 적용한 사람이 바로 쿤이다. 그의 인식론을 패러다임 시프트라고 하는데 특히 자연과학 발전을 설명하는 데 탁월한 인식론이다.

정상 과학이 있고 예외적인 현상이 나타나고 이를 설명하는 다양한 연구가 진행되어 어느 날 옛날 정상 과학은 없어지고 새로운 패러다임이 그 자리를 차지한다는 것이다. 이처럼 옛날 정상 과학이 새로운 정상 과학으로 바뀌는 것을 과학혁명이라고 한다. 좋은 예가 인류가 오랫동안 믿어왔던 천동설이 코페르니쿠스로 인해 지동설로 완전히 바뀐 것이다.

사회과학에서는 옛 스키마와 새로운 스키마가 공존하지만, 자연과학에서는 공존하지 않기 때문에 쿤은 스키마라는 말 대신 인식의 판인 패러다임이라는 용어를 사용하고 있다. 이런 의미가 있는 패러다임이 오늘날은 스키마와 교차적으로 사용되는데 이유는 사회과학에서 패러다임을 스키마로 이해하기 때문이다.

피처폰의 시대가 오래갈 것으로 보고 투자를 한 노키아는 스마트폰의 시대로 바뀌자 문을 닫았고 그로 인해 핀란드 경제는 심각한 어려움에 직면한 것으로 알려졌다. 패러다임 시프트란 판 바뀜으로 실로 엄청난 인식론이다. 따라서 경영 방식은 논리실증주의나 반증주의에 따라 서서히 새로운 스키마를 만들어 갈 수는 있지만, 기술은 패러다임 시프트 안

목으로 보아야 할 것이다. 혼용하지 않는 것이 좋을 듯하다.

### 프래그머티즘으로 실용적 진리 찾기

개념설계의 네 번째 망치가 프래그머티즘pragmatism이다. 프래그머티즘이 망치로서 중요한 이유는 현존 최강국인 미국의 사상적 기반이기 때문이다. 미국의 경제·정치·학문 분야를 아우르는 인식론이 바로 프래그머티즘인데 우리는 이를 크게 오해하고 있다. "모로 가도 서울만 가면 된다" "이유야 어찌 되었건 결과만 좋으면 좋은 것이다"와 같이 수단 방법을 가리지 않는 것으로 우리는 알고 있는데 이건 아니다.

원래 그리스어 프래그마pragma에서 유래하였으며 실제·실천 등의 의미가 있는데 미국 철학의 대표인 퍼스가 프래그머티즘pragmatism이란 용어를 만들었다. 진리를 찾아가는 방법과 기준을 "실증을 통한 확인과 유용성"에 두는 것이다. 실증을 통한 확인은 퍼스가 강조한 것이고 유용성은 제임스가 강조한 것이다. 두 사람의 논리를 들어보자.[10]

먼저 퍼스Charles Sanders Peirce(1839~1914)의 논리다. "이것은 컵이다"라고 하는 명제가 있다고 하자. 이것이 참이 되기 위해서는 컵에 물을 따라 마시거나 커피를 따라 마셔서 사용에 문제가 없으면 컵이라고 할 수 있다는 것이다. 다이아몬드는 단단하다고 할 때 부딪치거나 긁어서 흠집을 내보는 식의 실증적 확인 과정이 있어야 단단함을 말할 수 있다는 것이다.

다음으로 제임스William James(1842~1910)인데 그는 퍼스와는 달리 유용성usefulness을 강조하고 있다. 가령 어떤 사람이 깊고도 낯선 숲속에서 길을 잃었다고 하자. 한동안 홀로 헤매다가 배고픔과 피로로 거의 쓰러질 지경에 이르렀을 때, 소 발자국을 발견하고 발자국을 따라가면 사람이 사는 집이 나올 것으로 생각했다. 이 경우 그의 생각이 맞을지 틀릴지 아직 알 수 없지만, 그가 생각한 대로 소 발자국을 따라가서 사람이 사는 집을 발견했다면 소 발자국이 바로 참된 지식, 곧 진리라는 것이다. 이유는 좋은 결과를 끌어냈기 때문이다.[11]

## 요약

개념설계를 잘할 수 있는 마음가짐이 있다. 첫 번째가 기존 프레임 깨기다. 새로운 개념을 설계하기 위해서는 기존의 개념에서 벗어나야 하는데 그게 쉽지 않음을 깨우치려는 의도에서 '망치'라는 강한 표현을 한다. 우선 이런 망치를 든 사람들의 사례를 살펴보았고 이어서 네 가지 망치를 소개한다. 현존 나라 중에서 미국이, 민족으로는 유대인이 개념설계에서 가장 앞선다고 볼 수 있어 이들이 사용하는 망치를 철학의 이름을 빌려 정리한 것이다. 먼저 미국과 영국 철학의 출발이라 할 수 있는 베이컨의 우상과 우상 깨기를 소개하고 다음으로 과학적 인식론인 칼 포퍼의 반증주의와 토머스 쿤의 패러다임 시프트를 소개한다. 끝으로 미국 철학의 중심인 프래그머티즘을 소개한다.

# 제5장 개념설계의 사고기법

## 사고기법

생각 바꾸기의 두 번째는 사고기법이다. 사고에 무슨 기법이 있는가? 하고 반문할 수도 있지만 '있다'고 명확히 말할 수 있다. 이유는 수많은 책에서 창의력 기법이 소개되고 있기 때문이다. 어떤 기법을 알고 그것을 억지로라도 적용하면 신기하게도 크리에이티브한 아이디어가 떠오른다.

개념설계에서 사고기법이 특히 중요한 이유는 새로운 개념을 창안해야 하기 때문이다. 새로운 개념은 미래를 예견하여 창안하거나 기존의 것을 바꾸는 것이라 미지의 영역이다.

미지의 영역에선 상상력이 중요한데 여기서 소개하는 세 가지 사고기법은 바로 상상력의 세 가지 의미에서 찾아낸 것이다.

상상력의 첫 번째 의미는 구상conceptualization이다. 기존의 것을 부정하거나 무시하는 것이 아니라 그것을 모티프로 활용하여 새로운 개념을 떠올리는 것이다. 예를 들어 소통을 새로 설계하려고 소통의 반대인 불통에 주목하는 것이다. 소통을 불통의 반대인 '물통'으로 이해하는 것이다. 물통이란 물 흐르듯 소통하는 것을 말하는데 이를 메타포로 하여 소통의 새로운 개념을 설계할 수 있다. 어찌 보면 말장난 같지만 새로운 개념을 떠올리는 구상을 할 때 매우 생산적인 사고기법이다. 구상에 도움이 되는 사고기법이 '사변형 사고'다.

두 번째는 해체deconstruction다. 기존의 조건이나 틀을 흔들어 재구성하는 것을 말한다. 대개 어려움을 겪으면 해체를 하게 된다. 해체는 재구성하기 위한 전제다. 재구성을 탄생, 해체를 퇴행이라 말하고 양자는 밤과 낮처럼 따로 있지만 떨어져서 생각할 수 없는 불리부잡不離不雜이고 '단절과 감싸기'로 표현하기도 한다. 해체가 없이는 새로운 개념의 탄생이 없다. 해체에 도움이 되는 사고기법이 '해체적 사고'다.

세 번째가 일몽日夢이다. 낮에 꾸는 꿈이다. 이는 미래의 드림이다. 자신이나 자신이 속한 조직이나 사회가 어떤 모습이 되었으면 하는 꿈이 바로 일몽이다. 우리가 늘 바라는 사회의 모습을 유토피아라고 하듯이 오늘 일이 힘들고 고단할 때 일몽, 즉 드림은 우리에게 힘을 준다. 일몽에 도움이 되는 사고기법이 '디자인 사고'다.

상상력에서 나온 세 가지 사고기법을 알아보자.

### 사변형 사고 알기

첫 번째가 개념을 떠올리는 구상인데, 새로운 말을 만들어 내는 사유 방식이라 해도 된다. 사변형 사고의 중심이 이항 대립인데 행복은 고난과, 밤은 낮과, 기쁨은 슬픔과, 사랑은 미움과 이항 대립적인 위치에 있다. 이렇게 예를 드니 사변형 사고를 당연한 것으로 생각하기 쉬운데 그렇지만은 않다. 이는 기호학에서 기호의 차이를 분명히 하는 분석 방법으로 사용되고 있는데 그 뿌리는 그레마스Greimas의 사변형이다.[1] 좀 건조한 내용이지만 그레마스 사변형을 이해하는 시간을 갖도록 하자.[2]

가령 산토끼란 무엇인가?라는 질문을 받았을 때 어떤 의미가 떠오르는지 생각하자. 대부분 산에서 사는 토끼로 생각할 것이다. 이유는 집토끼를 이항 대립으로 떠올렸기 때문이다. 만약 죽은 토끼나 팔린 토끼를 떠올린다면 산토끼의 의미는 완전히 달라질 것이다. 죽은 토끼가 아니라 살아 있는 토끼, 시장에 내다 판 토끼가 아니라 시장에서 사 온 토끼로 의미가 달라진다. 이렇게 이항 대립 사고는 다양한 의미가 있게 하는 힘을 갖는다.

그레마스의 사변형은 여기서 끝나지 않는다. 반려동물로 키우는 반려토끼나 집에서 키우다 집을 나갔으나 산에 가지 않고 아파트에 어슬렁거리는 길토끼가 있을 수 있는데 이것은 산토끼도, 그렇다고 집토끼도 아니다. 따라서 그림에서 보는 것과 같이 사변형으로 분석할 때 비로소 산토끼의 의미는 분명해지는 것이다. 산토끼의 의미는 집토끼·길토끼·반려토끼란 사변형을 구성하는 개념 때문에 정해짐을 알 수 있다.

### 좀 더 이해하기

워낙 중요하기 때문에 조금 더 설명한다. 네 개념 간의 관계를 표시한 그림은 세 가지로 나누어 논의할 수 있다. 첫째가 이항 대립 관계다. '산토끼'와 '집토끼'는 이항 대립, 즉 반反의 관계에 있다. 둘째가 '비非'의 관계다. 비집토끼, 비산토끼가 있는데 집토끼와 길토끼, 산토끼와 반려토끼가 비의 관계다. 셋째가 범주 축이다. '산토끼'와 '길토끼', '집토끼'와 '반

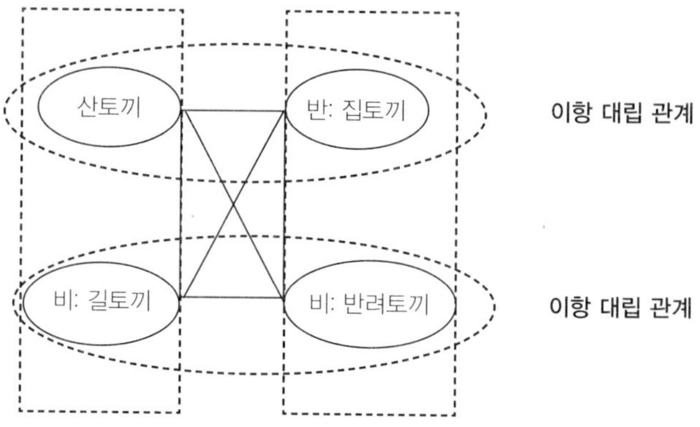


려토끼'는 같은 의미는 아니지만 같은 범주에 속한다. 이처럼 그레마스의 사변형은 어떤 개념의 의미를 이항 대립, '비' 관계, 범주 축으로 나누는 기호 분석 방법이다. 이 방법을 우리가 알고 있는 개념에다 적용하면 신기하게도 의미가 분명해지고 다양한 아이디어가 떠오른다. 그래서 개념설계 사고기법의 중심이라고 본다.

**우리 돌아보기**

그레마스의 사변형적 사고가 개념설계의 사고기법으로 중요하지만 잘 안 된다. 이유는 사전적, 4지 선다형적 정답을 찾는 훈련이 오랫동안 교육을 통해 고착되었기 때문이다. 시험답안이 틀려 낙오되는데 누구인들 사전적 정답을 의심할 것인가? 오래 지난 얘기다. 지금은 성인이 된 아들과 고향

가는 길에 고속도로 대구 근방의 화원 IC를 늘 거쳐 지나갔는데 이로 인해 벌어진 일이다. 초등학교 4학년 시험에 화원이 무엇인가?라는 주관식 문제가 출제되었는데 정답은 꽃집이지만 아들이 대구 근방의 IC라고 답하여 틀린 적이 있다. 한자도 같아 아들의 답이 틀렸다고 하기는 곤란하지만 웃고 넘어간 기억이 지금도 생생하다.

다른 이유는 의문하지 않고 편하게 이해하려는 데 있다. 무엇을 모를 때 '나' 선생(Naver), '구' 선생(Google)에게 물어보고 해결하는데, 사실 인터넷 사전은 그냥 참고이고 정답은 아니지만 우리는 쉽게 이해하고 넘어간다.

한마디로 의문하지 않음이다. 그게 정말 맞는지 또 다른 의미는 없는지 고민하지 않는다. 즉 쉽게 이해하면 달리 생각하지 않는다.

또 다른 이유는 갈수록 높아지는 투명성이다. 정확히 숫자로 측정하고 숫자로 측정하지 못하는 것은 배척하는 이런 사회를 투명 사회라 한다.[3] 투명 사회가 좋을 것 같지만 애매모호할 때 사유는 깊어진다. 늑대인지 개인지가 헷갈릴 때 늑대와 개의 차이에 대해 사유함을 제1장에서 말했다. 애매모호함은 참아내고 격려하는 분위기가 필요하다.

## 해체적 사고 알기

두 번째 사고기법이 해체적 사고다. 이는 현대 철학의 흐름 중 하나인 해체주의deconstructionism가 뿌리이기 때문에 정확히 번역하면 탈de 구성주의constructionism다. 즉 기존의 구성에서 벗어남이다. 해체를 '없앤다'는 뜻으로 알고 있다면 오해를 풀기 바란다. 없앤다는 부정성이 아니라 해체는 새로운 탄생을 예고하는 긍정성이다. 해체주의의 핵심은 이렇다. 우리의 인지를 좌우하는 기존 '구성'에 대하여 의문을 제기하는 것이다. 해체주의는 현상학의 중심인물인 후설과 하이데거를 이어받고 언어학의 영향을 받은 데리다Jacques Derrida(1930~2004)가 정리한 철학이다. 간단한 예로 소개한다.[4]

레스토랑에서 그럴듯한 식사가 끝났다. 웨이터가 다가와 묻는다. "후식은 커피와 차가 있습니다. 무엇을 드시겠습니까?" 이 말에 손님은 이렇게 대답한다. "아무거나 괜찮습니다." 차나 커피 중 어느 것이든 개의치 않는다는 의미로 누구나 받아들일 것이다. 우리는 이를 "마실 것이 필요치 않습니다"로 해석하면 이상한 사람으로 취급받을 것이다. 이유는 선택 대안을 물어보았고 그중에서 선택해야 사회적으로 수용할 수 있기 때문이다. 그러나 해체주의는 바로 이점을 파고든 철학이다. 차나 커피 외에 필요치 않음을 대안으로 떠올리는 것, 즉 구성에 대한 의심이 해체주의임을 말하고 있다.

해체주의에서 해체의 대상으로 삼고 있는 구성은 기존 스키마이거나 과거의 패러다임에 근거하고 있다. 시대가 바뀌고 공간이 다르면 구성은 해체될 수 있고 새로 구성할 수 있을 것이다. "의자는 네 다리가 있고 앉는 목적으로 만들어진 물건이다"라는 기존의 개념이 있다면 다리가 없는 의자, 앉지 않고 눕는 목적으로 의자를 생각하는 것이 해체적 사고다.

### 적용하기

이러한 해체적 사고를 비즈니스에 적용한 탁월한 학자가 있는데 '푸른 바다Blue Ocean'라는 개념설계로 세계적인 명성을 얻은 김위찬 교수다.[5] 그는 이미 보편화한 기술로 치열하게 경쟁하는 기존 비즈니스를 '붉은 바다Red Ocean'으로 표현하고 이를 해체하는 개념으로 '푸른바다'를 말한다. 예를 들어 서커스의 변신이다. 서커스는 다른 장르의 엔터테인먼트에 밀려 사양길에 접어들어 겨우 생명을 유지하는 실정이다. 캐나다의 어느 서커스 회사는 이런 생각을 했다. 사람들이 보고 싶지도 않은 동물 쇼를 왜 서커스 공연에 포함해야 할까? 이런 의문에서 시작하여 예술 공연으로 동물 쇼를 대신하는 설계를 하였고 아트서커스란 새로운 개념이 탄생한 것이다.

기존의 서커스를 해체하여 '태양의 서커스'란 이름으로 전 세계를 누비고 있다.

### 우리 돌아보기

해체적 사고로 새롭게 구성된 비즈니스는 우리 주변에서 흔하게 볼 수 있다. 기존 패션업을 뿌리째 흔들고 있는 패스트패션, 풀서비스 항공을 위협하는 저가 항공, 정크푸드란 비판을 받는 햄버거에 새로운 생명을 주는 수제 햄버거 등이다. 이미 일반화돼 있어 우리가 개념설계한 것으로 알고 있는데 모두가 외국에서 시작한 것이고 이를 도입한 개념이다. 왜 우리는 해체적 사유를 하지 못하는가? 따져 볼 필요가 있다.

첫 번째 이유는 지나친 정통성orthodox이다. 원본에 나와 있는 것, 원본 대로가 존중되고 그것에서 벗어나면 사이비로 간주하는 것인데 보수성의 산물이다. 유교의 정통성은 중국보다 한국에서 찾을 수 있음이 그 증거다.

다음은 일관성이다. 어제와 오늘의 일관성, 그리고 오늘과 내일의 일관성을 강조한다. 시간이 바뀌고 공간이 바뀌면 당연히 바꿔야 하는데도 일관성에서 벗어나면 비판의 대상이 된다. 심지어 오늘의 기준으로 어제를 되짚고 재단하기도 한다. 표준이 필요하지만 지나친 일관성은 경직성이 되어 우리 사회의 미래를 가로막는다.

세 번째 이유가 해체를 부정적으로 이해하고 있음이다. 그래서 두려워한다. 해체는 긍정이고 새로운 탄생을 위한 축복이지 부정성이 아님을 다시 강조한다.

## 디자인 사고 알기

세 번째가 일몽에 도움이 되는 디자인 사고design thinking다. 디자인 사고의 출현 배경을 살펴본다. 디자이너의 사유 방식은 장르와 관계없이 '경제적 가치'를 중심에 두었다. 예를 들면 미니멀리즘의 대표적 성공 사례로 꼽히는 애플의 제품 디자인은 고객이 좋아하고 이를 많이 구입하니 좋은 디자인이라는 것이다.

이처럼 경제적 가치란 상업성이다. 상업성 위주의 디자인 사유가 지금에서 문제에 직면했는데 자본주의 4.0 시대의 가치인 공공 가치를 담아내지 못하기 때문이다. 마침내 디자인은 어느 사이에 전통적 장르인 제품·패션·시각·건축 등을 넘어서 공공서비스까지 그 대상을 넓히게 되었다. 공공서비스를 설계하려다 보니 자연히 경제성인 사적 가치만이 아니라 공공 가치를 생각할 수밖에 없자 새로운 디자인 개념으로 디자인 사고가 출현하게 된 것이다.

따라서 디자인 사고란 사적 가치와 공공 가치를 담아내는 디자이너의 사유 방식으로 정의된다.

### 팀 브라운의 견해

그 결과 디자인 사고는 기존의 사유 방식과는 확연한 차이를 보이는데 IDEO의 팀 브라운Tim Brown이 말하는 것을 소개한다.[6]

> "디자인 사고는 디자이너의 감수성과 방법으로 사람들의 욕구를 타당성 있는 기술과 시장 기회로 연결시키는 일종의 사유 방식이다."

그는 특히 디자이너의 개념설계 역량인 감수성을 강조하고 이를 디자이너의 예측 능력으로 표현하며 세 가지로 나누고 있는데 존재론적 예측·개념적 예측·시각적 예측이다.

첫째, 존재론적 예측이다. 쉽게 말해 미래를 그려 내고 미래에 가치 있는 것이 무엇인지를 예측하는 것이다. 환경·인간적 가치·노인 문제·의료 문제 등에서 미래 모습을 상상하는 것을 말한다.

둘째, 개념적 예측이다. 새로운 개념을 개발하는 것이다.

도시재개발이라고 하기보다 젠트리피케이션gentrification이라고 했을 경우 원주민의 정주권이 살아나듯이 새로운 개념을 씀으로써 새로운 세상을 그릴 수 있다. 예를 들어 우리나라 젊은이 삶의 고단함을 3포 시대 또는 달관 시대라고 할 수도 있는데 어떤 개념으로 표현하는지에 따라 상당한 인식 차이가 있음을 알 수 있다.

셋째, 시각적 예측이다. 존재론적 예측과 개념적 예측을 시각적으로 표현하는 것을 말한다. 그려 보면서 더 구체적으로 사고할 수 있고 또 새로운 것을 발견할 수도 있기 때문이다. 그린다고 하니 그림으로만 생각하기 쉬운데 적절한 메타포를 사용하는 것도 된다. 적절한 메타포는 사유를 구체화하는 데 큰 힘을 갖기 때문이다.

또한 팀 브라운이 디자인 사고에서 강조하는 것은 생각하고, 하고 또 돌아와서 수정하는 순환적 과정이다. 미리 정해놓고 하는 것은 기획이지만 하면서 바꾸고 사유하는 것이 디자인 사고다. 뛰면서 생각하고 생각하면서 달리는 것을 강조한다. 해보면 다 달라진다. 예를 들어 이 책을 집필하는 것도 디자인 사고다. 방향만 정해 놓고 시작하여 쓰다 보면 새로운 길이 보이고 방향을 틀면 또 다른 세상이 열린다. 처음 기획한 책 내용이 대략 60~70%가 바뀌는 것 같다.

### 우리 돌아보기

개념설계의 사고기법 중 유일하게 우리나라에서 잘 되는 것이 디자인 사고다. 도시재생, 빈부 격차 해소, 4차 산업혁명, 저출산 고령화 등등 미래 세상을 예측하고 그에 합당한 개념을 만들어내고 있으며 해결하려 노력하고 있다.

디자인 사고가 잘 되는 이유가 궁금해진다. 한국 사회는 사적 가치보다 공공 가치를 사람들이 소중히 생각하여 이를 잘 수용하는 공동체 문화가 그 뿌리에 있기 때문이다. 또한 정부 주도 사회이기 때문이기도 하다. 정부나 지자체가 나서서 어떤 개념을 설계하여 끌고 가기 때문에 새로운 개념이 급속히 퍼지는 것이다.

이쯤에서 한마디 비판을 하려 한다. 공동체적 문화나 정부 주도의 설계 활동은 동시대에 맞지 않는다. 개인이 중심이 되지 않으면, 즉 사적 가치를 희생하고 공공 가치가 이를 대신하는 것은 포퓰리즘이라 오래 가지 못한다. 한편 애초의 기획안을 바꾸면 감사 지적을 받기 때문에 디자인 사고의 또 다른 키워드인 순환적 수정이 어렵다. 그래서 엄청난 비용이 발생한다.

### 요약

개념설계의 사고기법을 논의한 장이다. 개념설계는 과거에서 벗어나 미래를 예견하여 이루어지는 작업이라 상상력에서 출발한다. 상상력은 구상·해체·일몽 등의 의미가 있는데 각각에 해당하는 사고기법이 있다.

구상은 그레마스의 사변형으로, 해체는 해체주의로, 일몽은 디자인 사고로 구체화해 소개한다. 제대로 알면 개념설계에 큰 도움이 될 것이다. 우리 사회에서 일몽에 해당하는 디자인 사고는 비교적 잘 되고 있으나 그레마스의 사변형과 해체주의가 잘 안 되는 이유를 섬검하는 것도 빼놓지 않는다.

# 제6장 개념설계의 촉

## 개념설계의 촉

생각 바꾸기의 세 번째가 시대의 생명력인 동시대성을 읽어 내기다. 시대의 생명력을 읽어 내는 감수성을 수사적으로 표현하여 '개념설계의 촉'이라 한다. 시대성을 읽어 내는 촉을 키우는 데 도움이 되는 내용을 논의하는데 세 가지 초점을 맞추려 한다. 먼저 시대성이 무엇인지 이해하는 것이고, 다음은 시대와 공간에 따라 달라지는 시대성을 이해하는 데 도움이 되는 가치 이론이고, 세 번째는 시대성을 개념설계에 활용하는 데 필요한 '코드'에 대한 이해다.

**시대성 알기**

시대도 나름의 생명력이 있는데 이를 시대성이라 한다. 시대의 생명력이란 해당 시대의 핵심 가치core value of contemporary인데 사회적·경제적·문화적 가치로 나뉘며 이데올로기·담론·코드 등으로 표현된다. 시대성에 주목하여 역사 발전을 '인정 투쟁'으로 설명한 헤겔Hegel(1770~1831)의 얘기를 들어보자. 그는 『정신 현상학』 서문에서 "모든 개인은 시대의 아들이고 사상은 사유로 포착된 자신의 시대일 수밖에 없다"고 하여 동시대의 사상이 바로 시대성임을 말하고 있다.[1]

노동착취·계급혁명·투쟁 등의 이데올로기가 시대성인 시기도 있었고 지금은 페미니즘, 소확행(작지만 확실한 행복) 등의 담론이 시대의 가치가 되고 있다. 「악의 꽃」이란 시로 유명한 보들레르Baudelaire(1821~1867)는 "우리의 거의 모든 독창성은 시간이 우리의 감각에 찍어 놓은 낙인에서 비롯된다"고 하여 시대성이 창조의 근원임을 말하고 있다.[2] 몇 가지 사례를 통해 시대성을 이해하기로 한다.

사례 1: 희망가

대중음악에서 희망을 노래하는 것은 늘 있었는데 흥미롭게도 시대마다 가사와 곡이 다르다. 곡을 소개하기는 무리라 가사만 시대별로 소개하는데 1920년대 희망을 노래한 「희망가」의 가사다.

이 풍진 세상을 만났으니 나의 희망이 무엇인가.
부귀와 영화를 누렸으니 희망이 족할까.
푸른 하늘 밝은 달 아래서 곰곰이 생각하면
세상만사가 춘몽 중에 다시 꿈같구나.
(1923년 작사 미상, 잉걸스 작곡)

1988년 시나위의 「희망가」 "이겨내야 해 너무 힘들다 해도 금지당한 희망을 위해(이하 생략)" 1999년 〈주유소 습격 사건〉에 삽입된 이종원의 「희망가」 "지나온 시간을 돌릴 수 있다면 처음부터 다시 시작할 텐데(중략) 언제나 똑같은 반복된 생활 속에서 난 무얼 생각하며 살았나(이하 생략)."

끝으로 2009년 노라조의 「희망가」다.

가슴 쓰리겠지 하늘 노랗겠지
세상 너 혼자라 생각되겠지
허나 내가 아는 넌 정말 센 놈이거든(중략)
사는 게 어떻게 다 좋아 추울 때 있는 거잖아(이하 생략)

1920년대는 세상을 한탄하는 염세적 희망을, 1990년대는 낭만적 희망을, 2009년 '노라조'는 의지적 희망을 노래한다. 이처럼 시대마다 희망을 노래하는 코드가 다름을 금방 알아차렸을 것이다.

사례 2: 영화 〈어느 가족〉

일본의 대표적 영화감독인 고레에다 히로카즈가 만든 영화다. 우리가 알고 있던 가족 개념을 비판하는 영화다. 할머니부터 아이까지 가족으로부터 버려진 이들이 모여 아빠 엄마라는 말을 쓰지 않지만, 서로를 배려하면서 살아가는 한 가족을 다룬 영화다.

가족을 대가족·핵가족·1인 가구 등으로 나누고 핵가족은 다시 이혼했거나 사별하여 편부모 가족일 때 결손가족으로 분류하며 외국 여인과 결혼하여 아이를 낳으면 다문화 가족이라 한다. 뭐라고 하던 우리가 알고 있는 가족은 혈연으로 맺어진 구성체임을 전제하고 있다. 이 가족에 고레에다 히로카즈는 카메라를 들이대고 있다. 한마디로 혈연으로 맺어진 전통적 가족의 폭력성을 고발하면서 비혈연 가족의 따뜻함을 그리고 있다.

인류 역사상 혈연 중심의 가족이 흔들린 적이 없지만 1인 가구 시대의 비혈연 가족이란 새로운 담론은 시대성을 표현하는 새로운 코드로 볼 수 있다.

사례 3: 『82년생 김지영』

작가 조남주가 쓴 전형적인 페미니즘 소설이다. 딸 하나에 세 살 위 남편, 육아를 위해 퇴사한 서른네 살 김지영의 이야기다.[3] 2015년 어느 날 지영의 입에서 돌아가신 장모님의 목소리가 나오고 이미 죽은 친구가 지영의 몸을 빌려 얘기하는 장면으로 소설은 시작된다. 1982년에 태어난 김지영이란 한 여성을 통해 가정에서, 학교에서, 직장에서 한 인간이 아니라 여성성을 주입하는 우리 사회의 치밀한 메커니즘을 고발한다. 또한 여성이 결혼 이후 시가媤家에서 받는 스트레스, 직장의 유리 천장, 독박 육아의 고통 등을 뼈저리게 고발한다. 한마디로 우리 사회가 여성에 가하는 폭력성을 고발하는 소설이다. 여자·남자로서 한 인간이 아니라 우리 사회가 강요한 여성성인 젠더를 폭로하고 있다.

맨부커상으로 유명한 한강의 『채식주의자』 또한 같은 맥락의 소설이다.[4] 극히 평범한 한 여성이 채식주의자가 된 이유를 우리 사회의 남성 중심 폭력성임을 고발한다. 어릴 때 아버지가 가한 조건 없는 복종을 거부하는 작은 여인의 저항을 싸늘하게 그리고 있는 소설로 우리 사회의 뿌리 깊은 코드를 드러내고 있다.

사례 4: 여러분 부자 되세요.

"여러분, 여러분 모두 부자 되세요." 빨간색 털장갑을 끼고 함박눈 내린 벌판을 뛰어다니는 여성이 시청자들을 향해

던지는 축원 메시지다.[5] 나이 지긋한 분들은 기억할 것이다. 외환 위기의 고통을 벗어난 해가 2001년이다. 이해에 구제금융 195억 달러를 상환하고 IMF 체제를 졸업했다. 그땐 모든 국민이 '부자 되세요'란 CF 카피를 좋아했다. 이유는 외환 위기의 고통이 너무 컸기 때문이다. 지금은 부자를 칭송하는 광고는 없다. 나눠 갖고 사회를 위해서 공헌하고 가난한 사람의 고통을 말하는 시대이기 때문이다. 부자, 재벌 총수, 갑질이 연계돼 있어 부자를 부정적으로 보는 시대로 바뀌었다. 시대성을 가장 정확히 포착하는 것이 광고다. 광고는 현대사회의 중요한 담론이고 문화 코드이기 때문이다. 그래서 기업 이미지 광고의 크리에이티브를 분석하면 금방 그 시대의 핵심 가치를 짐작할 수 있다.

이상의 네 가지 사례를 읽으면서 시대에 따라 핵심 가치가 바뀌는 것을 눈치챘을 것이다. 시대성은 시대의 생명력이라고 했는데 시대의 핵심 가치가 바로 생명력인 것이다.

## 가치 이론 알기

다음은 시대와 공간에 따라 핵심 가치가 다른 것을 이해할 필요가 있는데 이를 가치 이론value theory이라 한다. 약간 어렵지만 중요하기 때문에 소개한다. 각국의 중산층에 대한 정의에서 공간에 따라 핵심 가치가 달라지는 예부터 보기로 한다.

사례 1: 한국의 중산층

부채 없는 아파트 30평 이상 소유, 월 급여 500만 원 이상, 자동차 2,000cc급 이상 중형차, 예금 잔액 1억 원 이상, 1년에 해외여행 1회 이상.

사례 2: 미국의 중산층

자신의 주장에 떳떳할 것, 사회적 약자를 도울 것, 부정과 불법에 저항할 것, 정기적으로 받아 보는 비평지가 있을 것.

사례 3: 프랑스의 중산층

외국어는 하나 정도 할 수 있어야 할 것, 직접 즐기는 스포츠가 있어야 할 것, 다룰 줄 아는 악기가 있어야 할 것, 근사하게 대접할 수 있는 요리 실력, 공분에 의연히 참여할 것, 약자를 도우며 봉사활동을 꾸준히 할 것.

사례 4: 영국의 중산층

페어플레이할 것, 자신의 주장과 신념을 지닐 것, 독선적으로 행동하지 말 것, 약자를 두둔하고 강자에 대응할 것, 불의 불법 불평에 의연히 대처할 것.

나라마다 상당히 다름을 금방 눈치챌 것이다. 어떤 나라는 출세·부·권력 등을 핵심 가치로 어떤 나라는 민주 시민

정신을 핵심 가치로 여기고 있다. 이러한 가치의 차이를 논의하는 것이 가치 이론인데 세 가지 프레임이 있다. 경제적 프레임·사회적 프레임·기호적 프레임이다.[6]

### 경제적 프레임으로 본 가치

우리가 흔하게 접하는 것이 경제적 프레임인데 이는 소비자가 선호하는 가치를 핵심 가치로 보는 것이다. 어떤 이는 편의성을 높게 생각할 수 있고, 어떤 이는 값싼 것을 높게 생각할 수 있으며, 품질이나 고급을 높게 생각하는 이도 있을 것이다. 경제적 프레임으로 가치를 보는 좋은 예가 가성비나 가심비 등의 표현이다.

이 가치 이론은 두 가지 논리를 기반으로 하는데 '가치의 높낮이'와 '최대화'이다. 높낮이로 가치를 평가하는 예는 '가성비 최고'란 표현에서 볼 수 있는데 대안을 비교 평가하는 경우에 사용하는 논리다. 또한 최대화는 들인 돈이나 노력 대비 얻는 것을 가장 크게 하려는 논리를 말한다. 모든 경제 이론은 이러한 가치 논리에 근거하고 있다.

### 사회적 프레임으로 본 가치

가치 이론의 두 번째가 사회적 프레임이다. 인간의 삶에서 궁극적으로 옳고 바람직하며 타당한 것을 지시하는 도덕과 정의에서 말하는 가치다. 이를 우리는 정신적 가치란 표현으로 물질적 가치와 구분한다. 이러한 관점을 갖는 학자가 클럭혼C. Kluckhohn인데 그의 논리를 경청해보자.

> 가치란 사람들이 여러 다른 행위의 가능성 중 하나를 선택하게 하는 "바람직한 무언가에 대한 개념"이다.

'바람직함'에 방점을 두고 있다. 그가 말하는 가치는 마땅히 원해야 하는 것에 대한 개념으로 무엇이 타당한 욕망이고 무엇이 그렇지 않은가를 판단하는 선택의 기준이라 할 수 있다. 즉 가치는 최소한 사람들이 삶으로부터 정당하게 희망할 수 있는 무언가에 대한 개념으로 규정된다. 그는 가치란 추상적인 개념이 아니라 사람들이 실질적인 행동에 직접 영향을 미치는 개념들로 보고 있다.

요즘 들어 공공 가치 혹은 사회적 가치가 담론으로 논의되고 있는 것이 바로 사회적 프레임이다. "부자 되세요"라는 사적 가치가 중요한 시대가 있었고 무히카 대통령이 말하는 지속 가능성이 중요한 가치가 되는 시대가 있으며 지금처럼 사회적 가치가 담론의 중심이 되는 시대도 있는 것이다.

'바람직한 가치'가 무엇인지를 논의하는 것이 사회적 프레임이라고 했는데 시대를 초월하여 불변하는 가치가 있고 해당 시기에 따라 중요한 가치가 있어 사회적 프레임은 불변 가치와 변화 가치로 양분할 수 있다. 불변 가치에 속하는 것이 사랑·용기·인간 존중 등 인간적 가치humane value이고 가변 가치는 시대의 필요에 따라 변화하는 것이다.

### 기호적 프레임으로 본 가치

가치 이론의 세 번째가 기호적 프레임인데 생소하여 이해하기 쉽지 않을 것이다. 이 프레임의 핵심은 차이를 가져오는 기호가 바로 가치라는 것이다. 예를 들어 '빨강'이란 단어는 그 자체로서 의미가 있는 것이 아니라 다른 색과 차이에 의해 규정된다. 만약 다른 색이 없거나 다른 색을 모른다면 빨강은 존재할 수 없다고 한다. 결국 한 단어의 의미는 그것이 속한 전체 언어 내에서 그것이 차지하는 위치와 다르지 않음을 주장한다. 여기서 말하는 의미가 바로 기호학적 프레임에서 말하는 가치다.

사랑을 예로 들어 좀 더 설명한다. 미움과 대비시키면 미워하지 않음이 사랑이고 무관심을 대비시키면 관심을 두는 것이 사랑의 의미가 되고 가치가 된다. 여성은 남성이 있어, 낮은 밤이 있어, 청년 문화는 기성 문화가 있어 의미가 있고 이것이 가치가 되는 것이다. 요즘 쟁점이 되는 페미니즘 또한 마초이즘이나 남성 중심적 전통과의 관계 속에서 의미를 갖게 된다. 이렇게 짧지 않게 설명해도 무슨 말인지 쉽게 이해되지 않을 듯하여 명품을 예로 든다. 명품의 가치는 보통품과의 관계에서 나타나는 것이지 명품 자체가 가치를 갖는 것이 아니라는 뜻이다. 1등은 2등 및 여타가 있어 가치가 있는 것이지 1등이 스스로 의미가 있는 것이 아니다. 요약하면 다른 것과의 관계에서 갖는 의미를 가치로 보는 프레임이다.

## 코드 알기

세 번째로 시대성을 읽어 내는 데 도움이 되는 코드에 대한 이해다. 우리 사회에 너무 흔하게 사용되고 있어서 그 중요성이 숨겨진 개념이 바로 코드인데 개념설계의 촉을 예리하게 하는 가장 중요한 방법이 바로 코드에 대한 이해다. 시대성은 특정 시대의 코드로 표현되기 때문이다.

코드는 기호학에서 중요하게 생각하는 개념인데 한 문화권에서 사용하는 소통의 문법으로 이해하면 된다. 그래서 코드는 부호화encoding, 해독decoding 등의 표현 속에서 흔히 볼 수 있는데, 부호화는 화자에 의해서, 해독은 청자에 의해서 이루어지는 소통 활동이다.

코드는 영역마다 다른데 예를 들어 비즈니스에서 코드는

'경쟁' 혹은 '경쟁력'이고, 예술의 코드는 '미적 흥분' 내지는 '창의성'이며, 가족 간의 코드는 '사랑'이다. 또한 사람과 사람 간의 예의나 관계를 나타내는 사회적 코드도 있는데 '노인존중'이나 '예절' 등도 코드에 해당한다. 조직 코드도 있는데 앞서 예로 든 구글의 코드는 통념 도전·기술혁명·인재로 정리할 수 있다.

다양한 영역의 코드를 잘 살펴보면 흥미로운 것을 알게 될 텐데 코드가 가만히 있는 게 아니라 바뀐다는 것이다. 예를 들어 비즈니스의 코드는 경쟁에서 상생이나 인간 중심 경영, 사회적 가치 등으로 바뀌고 예술의 코드가 미적 흥분이나 창의성이 아니라 보는 사람이 어떻게 보는지, 감상자 중심으로 바뀐다. 따라서 우리가 시대성을 잘 이해하기 위해서는 코드의 변화를 감지해야 하는데 코드 이해에 도움 될 만한 내용을 정리한다.[7]

### 코드 분류

코드는 약호로 번역되는데 먼저 아날로그 대 디지털 약호로 구분할 수 있다. 우리가 흔히 아날로그 세대와 디지털 세대라는 말을 하곤 하는데 이 뜻은 연속적인 척도로 세상을 읽어 내는 코드와 0과 1이란 명확히 분리된 단위로 세상을 읽어 내는 코드를 말한다.

예를 들어 "열심히 해"라는 것은 아날로그 약호에 가깝고 "지금보다 생산성을 10% 올리자"라고 하는 것은 디지털 코드에 가깝다. 또한 음악은 디지털 약호에 가깝고 춤은 아날로그 약호에 가까운 예술이다.

다음은 재현 약호representation code와 현시 약호presentation code다. 남녀 화장실을 구분하는 도상은 재현 약호고 피곤해서 하품이 나오는 것은 현시 약호에 해당한다. 심벌·아이콘 등 새로운 이미지를 만들어 내는 데 사용되는 것이 재현 약호고 지표로서 정보 전달의 의의가 있는 약호가 현시 약호다. 현시 약호는 신체 언어non-verbal language로 생활 속에서 중요한데 용모·머리 끄덕임·얼굴 표정·제스처·자세·눈짓과 눈 맞춤·근접성·신체적 접촉·각도 등이 그 예다. 현시 약호를 메타포로 사용하면 재현 약호가 될 수도 있다.

세 번째는 정교한 약호 대 미분화된 약호다. 예를 들어 군대에서 쓰는 코드는 미분화된 약호에 해당하고 대학생들이나 젊은 여성들이 사용하는 코드는 정교한 약호에 해당할 수 있다. 미분화된 약호란 사용하는 코드가 정해져 있는 것을 말하고 정교한 약호는 각자 여건에 따라 달리 사용하는 약호인데, 엄격하고 통제된 사회에서는 미분화된 약호가, 유동적이고 변화 가능한 사회에서는 정교한 약호가 사용된다.

끝으로 대중적broadcast 약호 대 분중적narrowcast 약호다. 전자는 다수의 수용자가 공유하는 약호를 후자는 소수의 수용자가 갖는 약호를 말한다. 대중적 약호는 미분화된 약호와 분중적 약호는 정교한 약호와 연관되며, 현대사회에서 분중적 약호는 나와 그들 사이의 차이를 강조하는 기능을 맡고 있고 대중적 약호는 우리(그들 포함) 사이의 공통성을 강조한다. 오페라와 팝송으로 비교해도 되고 고급문화 대 대중문화로 비교할 수도 있다.

**코드 비판**

프랑스의 시인 보들레르는 시대성을 이렇게 말하고 있다. "유행으로부터 시적인 것을 꺼내는 일, 일시적인 것으로부터 영원한 것을 끌어내는 것이다." 또한 이렇게도 말한다. "시대성이란 일시적인 것, 순간적인 것, 우연한 것으로 반을 이루고, 나머지 반은 영원한 것, 불변의 것이다." 그는 시대성을 매우 긍정적으로 보고 있다. 과연 그럴까?

에리히 프롬은 『자유로부터의 도피』에서 말한다. 현대인들은 자유를 쟁취하기 위해 목숨 건 투쟁을 하지만 자유를 획득한 지금은 오히려 매스컴의 향방에 자신을 맡긴다고 한다. 무슨 말이냐 하면 코드에 대해 사유함이 없이 매스컴이나 SNS의 '좋아요'에 따라 자신의 코드를 결정한다는 것이다. 이는 동시대인들이 갖는 코드는 조작된 것임을 비판하는 것이다. 먹방을 줄곧 보면 먹는 것이 시대성인 것으로 알게 되고 건강 프로그램을 늘 보고 있으면 몸에 좋은 것을 찾아 여행하는 게 행복이란 생각을 하게 된다. 최근 들어 쟁점이 되는 소확행(작지만 확실한 행복)은 바로 SNS가 만들어 낸 시대성이란 비판을 받을 수 있다.

또한 코드 혼란도 비판의 도마 위에 올린다. 한때 회사 직원을 지칭할 때 "…가족"이란 표현이 유행했고 "소비자를 가족처럼" "딸 같아서 충고하는데…" 등등 '가족처럼'을 흔하게 사용한다. 이러한 표현이 전제하는 가족은 따뜻함이나 감쌈일 텐데 문제는 가족이 권위적일 때다. 가족 같아서 운운하면서 하는 충고가 폭력인 경우가 많은데 한국의 가족이 그렇게 인본주의적이지 않기 때문이다. 회사 직원은 비즈니스 코드로 대하고 가족과 혼동하지 말아야 할 것이다. 요즈음 남녀 간에 유행하는 표현이 '오빠'다. 오빠는 남매나 친인척 간에 사용하는 용어인데 사회관계에 적용하여 가족 코드와 사회 코드가 혼재하는 일이 발생하여 더 폭력적인 남녀 관계가 될 수도 있을 것이다.

## 요약

제6장의 키워드는 '시대성'이다. 각 시대는 시대 나름의 숨결이 있고 향기가 있으며 고통도 있다. 따라서 시대성을 잘 읽어내고 이를 개념화하는 역량이 중요한데 이를 '촉'이라 해도 좋다. 제6장은 이러한 촉을 예리하게 하는 데 도움되는 세 가지를 다룬다. 먼저 시대의 생명력인 시대성을 이해하는 것이고 다음은 시대와 공간에 따라 다른 시대성을 이해하는 가치 이론이며 세 번째가 코드를 이해하는 것이다. 특히 코드는 담론 때문에 좌우될 수 있어 정확히 읽어 내는 것이 중요하다.

제3부

# 기업 경영에서 개념설계

# 제7장 경쟁 새로 보기

## 사적 영역과 공적 영역

아마 지금쯤 책을 읽는 독자들은 개념설계, 대체 뭐 하자는 얘기야 하고 시큰둥할 것이다. 그래서 지금부터 마무리까지 개념설계를 영역별로 적용한 예를 들려 한다. 그렇다고 미진함이 없어지진 않겠지만, 해당 분야와 관련이 있는 독자들은 작은 도움이 될 것이다. 제3부에선 기업 경영에서 개념설계를 제4부에선 국가 경영에서 개념설계를 다루는데 근거는 다음과 같다.

한 사회는 세 영역으로 구성되는데 사적 영역·공적 영역·

중간 영역이다. 사적 영역의 주체는 기업이고 공적 영역의 주체는 정부이며 중간 영역의 주체는 비영리 조직NPO이나 비정부 조직NGO이다.

사적 영역에 가깝지만, 영리를 목적으로 하지 않는 비영리 조직에는 재단이 있고, 공적 영역에 가까워 정부의 지원을 받는 비정부 조직에는 시민운동 단체가 있다.

따라서 한 사회를 구성하는 주체는 기업·정부·재단·시민운동 단체 등이라 할 수 있는데, 이들이 국가 경영에 참여하는 것을 협치governance라 한다. 기업 경영인management과 정부 경영인public management이 따로 존재하다가 이 시대에 접어들면서 거버넌스가 중요한 담론이 되는 것은 흥미롭다. 그 이유는 사회가 더 다양화되고 복잡해져 기존의 분리 개념으로 경영하기에 역부족이기 때문이다.

이렇게 아카데믹한 설명을 하는 이유는 사적 영역·공적 영역·중간 영역 모두 우리 생활과 직결돼 개념설계를 적용할 필요가 있음을 말하기 위해서다. 이 중 중간 영역을 생략하고 사적 영역과 공적 영역만을 다루는 이유는 소책자의 한계 때문이다. 인연이 닿으면 중간 영역은 따로 다룰 생각이다.

먼저 제3부에서는 사적 영역인 기업 경영에 개념설계를 적용한 예를 다루는데 제7장에서 경쟁을, 제8장에서 소비를,

제9장에서 비판받는 경영을 새로운 개념으로 설계하는 아이디어를 예시한다. 왜 하필 세 개념에 한정하는가? 이 또한 소책자의 한계 때문이다. 엄선하다 보니 기업 경영에 가장 영향을 크게 미치는 개념이 경쟁·소비·경영이란 생각이 들었기 때문이다.

### 경쟁의 의의

시대에 맞는 새로운 경쟁 개념의 설계는 경쟁의 의미를 알아보는 데서 시작한다. 경쟁은 노자의 책 『장자莊子』에 나올 정도로 오래된 동양적 관념idea으로 경競은 앞서려 함을 쟁爭은 빼앗으려 함을 의미한다. 시장경제에다 적용하면 시장쟁취를 위한 다툼과 앞서려는 다툼으로 경쟁을 정의할 수 있다. 흔히들 경쟁의 반대에 협력이 있는 것으로 생각하는데 잘못된 생각이다. 경쟁의 반대엔 분배·통치·무기력·자유방임 등이 있지 협력이 있지 않다. 협력은 경쟁의 확장 버전으로 보아야 하며 '상생'으로 표현될 수도 있다. 이러한 의미의 경쟁이 영어 'competition'의 번역어가 되면서 시장 쟁취라는 좁은 의미로 좁혀졌지만 본래 의미는 긍정성이다.

경쟁의 긍정성은 바로 '경'에 있다. 노자는 이를 화이위조化而爲鳥라고 한다. 『장자』 1편 「소요유」에 이런 말이 나온다. "남쪽 바다의 작은 물고기가 바람이 몹시 부는 어느 날 엄청나게 큰 붕鵬이 되어 북쪽 바다로 갔다."[1] 화이위조의 의미는 시대성을 타는 변화다. 변화나 변신에 해당하는 '경'은 오늘날 혁신, 선발자first mover, 빠른 후발자fast follower 등으로 경영에 쓰이고 있다.

'쟁' 또한 긍정성을 내포하는데 손자가 쓴 병법서인 『손자병법』에 '쟁'의 논리가 나와 있다. "지피지기백전불태知彼知己百戰不殆, 지천지지승리가전知天知地勝利可全" 자기 힘에 맞게 전략을 짜야 하고 그것으로는 부족하고 공간과 시간까지 고려하여 전략 전술을 구사해야 함을 말하고 있다. 이런 의미의 '쟁'이 경영학에 본격적으로 도입된 것은 1980년쯤으로 볼 수 있다. 소위 말하는 신자유주의 등장과 함께 주목받게 된 개념이다. 이 시기에 미국 대통령 레이건과 영국 총리 대처가 주창한 정책 기조를 신자유주의라 하는데 세금·복지 등을 줄이고 대신 시장에 맡기는 정책을 말한다.

### 기존의 경쟁 개념

신자유주의 시대 경쟁 이론을 새로 설계한 경영학자는 하버드대학의 교수인 포터Michael Porter다.[2] 그가 공헌한 바는 큰데 경쟁 전략과 경쟁력이란 개념을 만들어 기업 경영은 물론이고 국가를 비롯한 모든 조직 경영에 경쟁을 적용하는 계기를 마련했기 때문이다. 학자, 특히 사회 과학자가 하는 사회적 공헌은 시대성을 반영하는 새로운 개념을 설계하는 것인데 이 기준에서 볼 때 포터 교수는 큰일을 했다. 그가 설계한 개념인 경쟁 전략과 경쟁력을 짧게 소개한다.

먼저 경쟁 전략이다. 기본 유형을 세 가지로 말하고 있는데 차별화·원가 우위·집중이다. 원가에서 앞서든지, 다르게 하든지, 아니면 틈새시장을 노리는 것을 말하지만 이런 전략을 실행하는 구체적인 방안은 여기서 소개하지 않는다. 각자가 알아서 생각하기 바란다.

차별화·원가 우위·집중이라는 개념을 사용하다 보면 자연스럽게 아이디어가 떠오르기 때문이다. 일개 학자가 말하는 방안에 집착하면 그것이 아이디어를 방해하는 감옥이 되는 경우가 흔히 있기 때문이다.

다음은 경쟁력이다. 포터 교수가 만든 경쟁력 모형을 그림으로 그린 것이다. 라이벌·공급자·구매자·잠재 경쟁자·대체재 등으로 모형을 만들었는데 이 그림에 근거하여 경쟁력을 확보하는 다섯 가지 가이드라인을 제시하는 것이 그의 논리다.

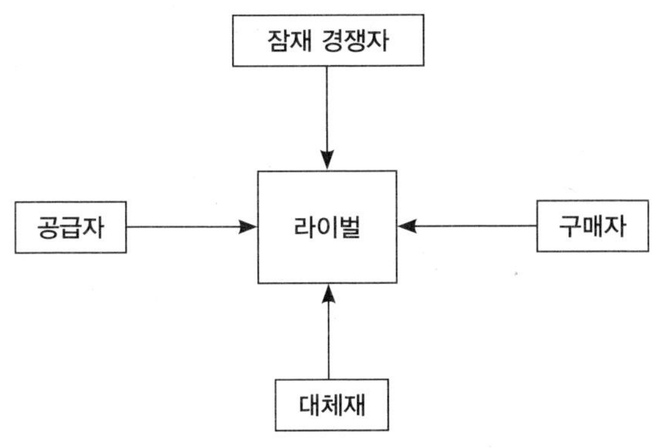


첫째 라이벌 경쟁자보다 우위를 점해야 한다. 둘째 진입 장벽을 높여 잠재 경쟁자의 위협을 낮춰야 한다. 셋째 전환 장벽을 구축하여 대체재로의 이동을 막아야 한다. 넷째 구매자 교섭력bargaining power을 낮춰야 한다. 다섯째 공급자 교섭력을 낮춰야 한다. 많은 책에서 그의 모형을 상세히 소개하고 있어 이 정도로 설명을 줄인다.

### 포터 교수의 경쟁 개념 비판

신자유주의 시대 경쟁이란 담론을 만들어낸 포터 교수의 공헌만큼이나 그의 프레임을 비판하는 주장도 많은데 몇 가지만 소개한다.

첫째는 경쟁자를 적으로 보는 프레임에 대한 비판이다. 적이 아니라 공생하는 에코시스템으로 보아야 한다는 주장이다.[3] 먹이 사슬의 관계로 산업을 보아야지 적으로 보는 것이 타당하지 않음을 지적한다. 아프리카 초원에 표범과 누떼가 공존하는 것을 예로 든다. 둘째는 경쟁력 대신 핵심 역량을 주장하는 해멀, 프라할라드 교수 등이다.[4] 이들은 포터 모델로는 일본 제조업의 경쟁력을 설명할 수 없다고 보고 핵심 역량core competence이란 개념을 설계하였다. 이후 핵심 역량은 여러 학자에게 이어져 지금은 포터 교수 프레임을 밀어내고 경쟁 담론에서 주도권을 쥘 정도로 발전하였다.

셋째는 하버드대학 마케팅 교수인 문영미의 비판이다.[5] 특히 그녀는 라이벌 간의 우위를 점하려 하는 것에 초점을 맞추어 '이종의 동종 현상'이란 개념으로 포터 교수를 비판한다. 라이벌 간에 우위를 점하기 위해 라이벌의 장점을 분석하여 단점을 보완하려 한 결과 시간이 가면 라이벌은 거의 같은 제품을 생산하고 그 결과 그 산업은 쇠퇴의 길로 접어든다고 한다.

예를 들어 20년 전만 하더라도 크라이슬러의 지프Jeep는 '사륜구동 자동차'로 거침hard이란 속성으로 유명했다. 그 후 도요타와 닛산이 신뢰성을 속성으로 하는 SUV로 공격을 하자 지프 또한 신뢰성을 보완했고 그 결과 지금은 거의 같은 속성으로 경쟁하게 되었다고 한다(그림 참조). 우위를 점하려 애쓰는데 결국은 같아지는 아이러니를 비판하고 있다.

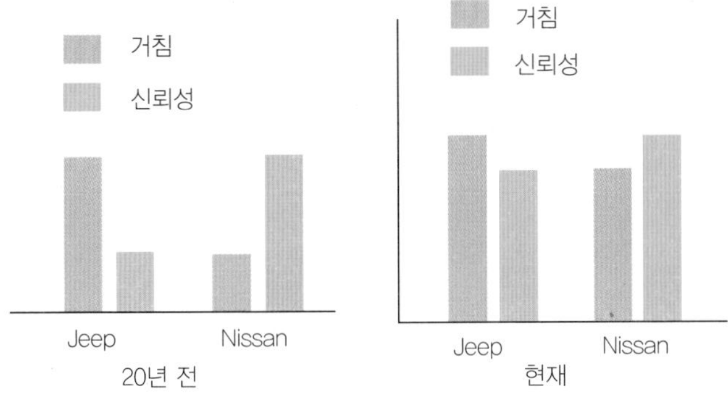


**경쟁 새로 보기: 개념 경쟁**

여러 비판을 소개했지만, 그가 설계한 경쟁 전략과 경쟁력은 자본주의 4.0 시대인 지금도 여전히 우리의 사유를 지배하는 경영 담론으로 역할을 하고 있다. 따라서 무시할 수는 없고 포터 교수의 개념을 넘어서는, 즉 시대성에 맞는 새로운 경쟁 개념을 찾아야 할 것이다. 그 답이 바로 시대성에 맞게 새롭게 설계된 '개념 경쟁'이다. 개념 경쟁은 상대를 강제하지 않는다. 일종의 설득 없는 설득이다. 나를 좋아하라고 말하지 않았는데도 좋아하는 것이 바로 설득 없는 설득이다. 매개된 힘이기도 하다. 직접 가하는 힘이 아니라 매개고리를 통한 힘이라는 것이다. 개념 경쟁은 상대가 나를 존중하는 것만큼 나도 상대를 존중한다. 그래서 상대에게도 생명력을 주고 나도 사는 상생의 길이기도 하다.

기존 경쟁과 개념 경쟁의 차이는 분명하다. 기존 경쟁이 '쟁' 중심이라면 개념 경쟁은 '경' 중심이다. 시대성과 나의 조화이지 경쟁자와의 다툼에 초점을 두고 있지 않다. 어찌 보면 과거·현재 그리고 미래의 내가 경쟁하는 것이다. 개념 경쟁으로 가는 길을 알아보자.

### 개념 경쟁으로 가는 길은

이 질문에 명품성으로 답한다. 고가의 외제 핸드백을 명품luxury으로 알고 있는 사람들은 웬 명품? 하고 의아해 할 것이다. 여기서 말하는 명품성은 명품이 아니라 명작masterpiece의 특성을 말한다. 명작은 뛰어난 예술 작품을 지칭하는 말인데 지금부터 명작을 감상하면서 명작의 특성인 명품성을 생각해보자.

레오나르도 다빈치의 〈모나리자〉를 보자(뒤의 그림 참고). 이 작품이 명화가 된 이유는 르네상스라는 시대성이 잘 반영되었기 때문이다. 즉 부르주아 계층을 형성해가는 상인의 부인을 초상화 주인공으로 했고, 이전 초상화와는 다르게 배경 그림을 그렸으며, 색깔과 눈썹 등에서 이전 그림과는 차

이를 보이기 때문이다. 과거를 극복하고 시대성을 살린 그림이 바로 명화가 된 것이다. 이것이 바로 명품성이다.

명품성이 있는 작품은 시대를 초월하여 살아남아 우리의 마음을 풍요롭게 한다. 따라서 명품성으로 경쟁을 하는 것을 새로운 경쟁 개념으로 제안한다. 명품성은 다양하게 접근할 수 있지만 여기서는 헤리티지·장인정신·시그니처 세 가지를 제안한다.

### 헤리티지가 답이다

최근 들어 '부터since' 마케팅을 흔하게 본다. 심지어 패스트푸드 대명사인 맥도날드도 간판에 이 표현을 넣고 있으며 베이커리나 소주에도 이 표현이 중심에 자리하고 있다. 과히 '부터'의 시대다. '부터'를 학술적으로 헤리티지라 한다. 명품성의 조건에 반드시 따라붙는 것이 헤리티지다. 헤리티지는 역사성이다. 역사성은 과거와 현재를 연결하는 다리다. 헤리티지를 통해 현재의 우리는 과거와 연결되고 또 미래의 방향성을 얻게 되는 것이다.

냉면·비빔밥·설렁탕 같은 음식에서 헤리티지를 볼 수 있는데 이유는 음식은 문화이기 때문이다. 문화는 공동체에 생명력을 주는 콘셉트인데 전주는 비빔밥으로, 평양과 함흥은 냉면으로 우리 곁에 바싹 다가서고 있다. 중앙아시아에 많이

거주하는 고려인들은 우리말을 거의 잊었지만, 우리 음식은 그대로 지키고 있어 헤리티지로서 음식 문화가 얼마나 중요한지를 말해주고 있다.

프랑스의 와인과 화장품, 이탈리아 패션, 스위스의 시계, 미국의 패스트푸드, 독일의 기계·음악·철학, 일본의 음식, 영국의 각종 스포츠와 스토리메이킹 등이 모두 헤리티지 예에 속한다. 이들 예는 헤리티지가 세계인에게 어필하고 있음을 보여주고 있는데 그렇다면 어떤 조건일 때 헤리티지가 세계인에게 어필할까?

역사성, 그 나라 고유성이 세계인에게 어필하는 현재성이다. 역사성은 'since'를, 고유성은 문화적 원형을, 현재성은 동시대 소통 기술과의 부합을 말한다. 예를 들어 우리나라 음식은 숙성이 고유성이고, K-pop을 비롯한 한류는 노래와 춤을 섞어 놓은 현재성이 성공 요인이다. 판소리·김치·한옥·태권도 등이 헤리티지의 조건을 갖추었는지 논의해보는 것도 헤리티지를 이해하는 데 도움이 될 것이다.

### 장인정신이 답이다

사라져 가는 장인정신을 명품성으로 말하는 이유는 일본의 노포老鋪에서 볼 수 있는 장인정신 때문이다. 노포의 정신은 장인들에 의해 이어지고 이들이 새로운 점포를 열어 100년 이상을 이어가는 것이다. 그래서 노포가 문을 닫을 때 일본의 언론과 소비자들이 함께 모여 세리머니를 하는 것으로 알려졌다.[6]

장인정신은 우리에게서 멀어졌지만 고려 시대까지만 하더라도 일본이 우리를 존경하는 테마였다. 팔만대장경이 장

인정신의 살아 있는 표본이라 짧게 소개한다.

> 팔만대장경: 가로 68~78센티미터 세로 24센티미터 목판 8만 1,258장에 불경을 새겨 넣었다고 해서 붙여진 이름이다. 한 장 앞면에 644자를 새겨 모두 5,233만 152자다. 조선 500년 역사를 담은 조선왕조실록이 5,600만 자이니 그 규모를 짐작할 수 있을 것이다. 목판을 판 장인들은 한 자를 새길 때마다 부처님께 삼배했다고 한다. 불경의 한자 중에 한 글자가 64획이나 되는 것도 있다. 장인들은 한 판에 수백 글자를 팠다가 한 번 칼끝을 잘못 눌렀다 싶으면 처음부터 다시 했다고 한다. 추사는 이렇게 말했다. "이것은 사람이 아니라 신선이 쓴 글이다."

기계가 만드는 시대에 무슨 장인정신인가? 기계가 생산을 도맡아 하더라도 사람의 노동은 존재한다. 노동이 있는 곳엔 장인정신이 있게 마련인데, 장인정신은 장인·작업장·의식을 포함하고 있기 때문이다. 장인정신은 면면히 이어지는 인간의 기본적 충동이며 일 자체를 위해 일을 잘 해내려는 욕구다. 장인정신은 숙련노동보다 훨씬 넓은 영역에 스며 있는데 의사·엔지니어 등에도 스며 있다.

하지만 장인정신은 점점 찾기 어려워지는데 이유는 일할 동기의 약화, 손과 머리의 분리, 품질 표준 때문이다. 장인이

기술을 습득하는 과정은 기존의 인사관리 논리와는 다른데 손과 머리를 쓰며 상상력을 자극하고 활용하여 기계적이지 않고, 저항과 모호함을 걷어내는 것이 아니라 다스린다.

사회학 교수인 리처드 세넷은 장인정신이 현대의 노동자·노동·의식과 비교하여 다음과 같은 특징을 가진다고 한다.[7] 장인은 노동의 대가로 일하는 것이 아니라 열정으로 한다. 일 자체를 위해서 일을 잘 해내려는 욕망으로 사는 사람이다.

플라톤은 최고의 품질 목표 그리고 최고의 경지를 아레테aretè라고 하는데 장인은 아레테를 추구한다. 어떤 일이든 대충 일하기를 거부하고 최고의 경지를 향해 달려가는 사람이다. 또한 장인은 생각하면서 만든다. 즉 생각하는 손이다. 뛰어난 장인은 구체적인 작업과 생각 사이를 오가는 대화를 하고 이 대화는 반복적인 습관으로 진화한다. 이 습관이 문제를 푸는 일과 문제를 찾는 일 사이에 리듬을 만든다. 스스로 자신을 만드는 창조자라 생각하고 자기 창조 활동의 근본이 물건을 만드는 일이라고 생각한다.

이렇게 장인정신을 말하면 케케묵은 옛날얘기로 여길 것이다. 과연 옛것인가? 이탈리아는 장인정신을 핵심 역량으로 활용하고 있고 독일은 장인정신을 교육에서 활용하여 인재양성을 하고 있다. 일본은 장인정신이 과학자·소기업·대기업 등 모든 영역에서 살아 있다. 특히 품질관리에서 그렇다.

## 시그니처가 답이다

시그니처는 서명·서약이란 의미지만 이것이 사용될 때는 맹서盟誓pledge의 의미가 있다. '맹'은 달빛 아래 그릇에 담은 피를 마시며 굳게 하는 약속이고 '서'는 손에 도끼나 칼을 쥐고 맺는 약속이다. LG전자가 가전제품의 마케팅에 '시그니처'라는 표현을 하여 유명하게 된 이 단어는 이처럼 엄숙한 의미를 내포하고 있다. 한 회사가 품질의 우수성을 확약할 수 있음을 약속하는 가장 강한 표현인데, 점차 늘어나서 동네 베이커리에도 시그니처 아이템이 등장한다. 그 베이커리에서 독보적으로 만든다는 것을 보여주기 위해 로고를 새겨 빵을 만들기도 한다. 심지어 패스트푸드 업체에서도 셰프 이름을 내세운 시그니처 제품을 선보이고도 있다. LG전자의 예를 소개한다.

LG전자는 2016년 1월에 초프리미엄 가전 통합 브랜드 LG 시그니처를 론칭하며 혁신 DNA를 과시했다. 익숙한 LG 로고 대신 새로운 로고인 'SIGNATURE'만 내걸었다. 최고의 디자인과 기능, 완성도를 목표로 OLED TV·냉장고·가습 공기청정기·트윈워시 세탁기로 구성한 제품군을 선보여 브랜드 가치를 높이며 소비자에게 좋은 반응을 끌어냈다. LG전자는 이탈리아 밀라노 명품 가구 거리에 LG 시그니처 갤러리를 열어 마케팅에 차별화를 두고 있다.

아무리 유명한 작가도 약 10년 정도 기한에 만든 작품만 명품성을 인정받는다고 한다.[8] 이는 모든 제품을 다 잘 만들 수는 없다는 것이다. 제품 구색을 갖추기 위해 다양한 제품을 만드는 것은 어쩔 수 없을지라도 세계적 명품으로 내세울 수 있는 것을 우리나라 기업이 몇 가지라도 만들었으면 하는 바람이다.

**요약**

동시대의 경쟁은 이전의 경쟁과 다른 개념으로 설계해야 함을 말하고 있다. 그러기 위해 신자유주의 시대의 도래와 함께 유명세를 치른 하버드대학 포터 교수의 경쟁 개념을 설명했다. 또한 이를 비판하는 견해까지 소개했다. 하지만 지금 시대는 다르다. 동시대는 누구와 비교한 우위보다 자기

갈 길을 가는, 즉 개념 경쟁의 시대다. 개념 경쟁의 방향은 명품성이다. 명품성을 정의하고 헤리티지·장인정신·시그니처 세 가지 키워드로 접근한다.

# 제8장 소비 새로 보기

## 소비 그리고 소비자

시민으로서 누구나 하는 행위가 소비다. 생산에 참여하지 않는 사람도 소비는 하므로 현대 자본주의에서 생산보다 주목해야 할 개념이 바로 소비消費다. 특히 1980년 이후 신자유주의 시대에 접어들면서 소비와 소비자는 더 주목을 받고 있는데 흥미로운 현상이 발견된다. 소비자는 보호와 만족의 대상으로 존중되지만, 소비는 과소비 등 부정성으로 비판받는다.

소비자가 하는 행위가 소비인데, 소비자는 만족이나 보호의 눈으로 보고 그가 하는 행위인 소비는 왜 부정성의 눈으로 볼까? 이 모순이 소비를 보는 기존 시각이다. 이중의, 그것도 모순된 눈으로 소비와 소비자를 논의하는 것은 무언가 의도가 있거나 아니면 무지하기 때문이다.

칸트는 잘못된 가정으로 도출된 논제를 가언假言이라 하여 비판한다. 그는 가언명법은 진리로 가는 데 반드시 배격해야 하고 대신 정언명법을 제언한다.

현대 자본주의 사회에서 소비는 경제의 한 축을 책임지고 있어서 소비에 대한 잘못된 생각에서 벗어나 소비를 제대로 이해하고 존중할 때 경제는 원활하게 돌아갈 수 있다. 소비와 소비자에 대한 모순된 눈을 극복하는 새로운 시각을 논의하려 한다.

먼저 소비와 소비자에 대한 기존의 시각을 알아본다.

## 기존의 소비개념

문학이나 사회학·철학 등 여러 학문에서 소비를 날카롭게 비판한다. 소비는 경제의 한 축으로 매우 중요하고 소중하다고 말하는 학자는 거의 접하지 못하고 있다. 비판은 다섯 가지 정도로 요약된다.

첫째, 소비는 물신주의materialism를 구현하는 수단이다.[1] 만델Ernest Mandel(1923~1995)이 대표적인데 그는 후기 자본주의 중심에 물신주의가 있으며 이는 소비 때문에 구현된다고 본다. "나는 소비한다, 고로 존재한다"가 물신주의의 아포리즘이다. 소비가 소비를 불러일으키고 사람들은 소비하기 위해 일한다고 비판하면서 어플루엔자affluenza(affluence+influenza)라는 용어를 만든다. 소비가 인플루엔자처럼 사람들 사이에서 전염되는 현상을 말하는 용어다. 과시적 소비·모방 소비 등에 주목하여 만델이 소비를 비판하고 있는 것이다.

시인 김수영이 「VOGUE야」란 시에서 「보그」 잡지가 물신주의를 부추기고 있음을 말하고 시인 유하가 「바람 부는 날이면 압구정동에 가야 한다」라는 시에서 로데오거리로 불리는 압구정동을 물신주의 상징으로 비판하는 것도 만델과 같은 견해에 속한다.

둘째, 소비가 쓰레기를 양산한다. 수전 스트레서는 『낭비와 욕망』이란 책에서 환경문제 주범 중 하나인 쓰레기에 주목하면서 그 이유를 소비 탓으로 돌리고 있다.[2] 수전은 소비가 쓰레기를 양산하는 이유를 네 가지로 정리한다. 도시화로 인해 소비가 일종의 권력이 되면서 과시 소비로 인해 쓰레기가 늘어나게 되었다. 유행이 쓰레기를 양산한다. 과거 부르주아들만 유행을 좇을 때는 문제가 안 되었지만 지금은 대중이 유행을 좇기 때문에 유행으로 인해 쓰레기가 양산된다는 것이다.

또한 구식화가 쓰레기를 양산한다. 기능적 구식화와 스타일 구식화가 있는데 구식화는 기업에 의해 만들어지고 이로 인해 쓰레기가 양산된다. 편리함과 지나친 위생 관념도 쓰레기를 양산한다. 유효기간 때문에 버려지는 음식물과 일회용품이 쓰레기 양산의 주범임을 말하고 있다.

셋째, 소비가 문화를 오염시킨다.[3] 철학자인 한나 아렌트와 마이클 샌델이 이런 비판을 한다. 한나 아렌트는 사적 영역인 소비 코드가 사회적 영역에까지 침투하여 사회 전체가 거대한 욕구 충족의 장으로 변화하는 현상을 비판한다. 즉, 욕구 충족이라는 소비 코드가 사회 전반에 침투하여 사회 코드를 대체하는 현상을 말하고 있다. 사회 코드는 정의와 도덕이란 윤리 코드여야 하는데도 욕구 충족이란 소비 코드가 이를 대체하는 현대사회의 문제성을 꼬집고 있다.

『정의란 무엇인가』로 유명해진 마이클 샌델 교수 또한 유사한 말을 하고 있는데, 그는 『돈으로 살 수 없는 것들』이란 책에서 사회가 시장을 포용하는 것이 아니라 시장이 사회를 압도하는 것이 지금의 사회라고 비판한다. 이러한 사회를 시장 사회라 한다.[4]

넷째, 소비 패턴이 공공재보다 사유재를 선호하는 쪽으로 변화한다.[5] 이는 마르크시즘 학자의 견해로 사유재를 늘려야 더 많이 팔 수 있어서 자본은 공공재를 열등화하여 사유재를 더 선호한다고 한다. 버스나 지하철보다 자가용으로 출퇴근해야 더 많은 자동차를 팔 수 있어 자가용 시대임을 홍보하고 이를 잘사는 상징으로 칭송하는 것이 그 예다. 이 견해에 따르면 공교육이 열악해질수록 사교육 시장이 커질 수 있으므로 공교육의 열악화를 획책하는 보이지 않는 손이 있다고 추론할 수 있다.

다섯째, 소비의 동력인 욕구는 타자에 의해 조작된다.[6] 프랑스 정신분석학자인 라캉은 "우리는 타인의 욕망을 대리만족하면서 살고 있다"고 한다. 이는 소비 욕구가 누군가에 의해 조작되고 있음을 말하는 것이다. 갤브레이스(1908~2006) 또한 욕구 조작을 말하고 있는데, 『풍요한 사회』란 책에서 이렇게 말한다. "현대사회가 사람들을 소비하도록 가르치는 방식은 너무나 지적이고 고급스러운 것이어서 그에 버금가는 그 어떤 종교적·정치적·도덕적 활동도 찾아보기 힘들 정도다."[7]

프랑스 사회학자인 르페브르(1901~1991) 또한 『현대 세계의 일상성』에서 현대 세계를 소비 조작 관료사회라고 한다. 그는 기업에 의해 유행이 만들어지고 사람들이 이를 따라하는 것을 비판하고 있다. 그는 유행을 이끄는 정치력으로

관리되는 사회를 소비 조작 관료사회라고 한다.[8]

### 기존의 소비자 만족과 소비자 보호

1980년대 이후 소비 담론의 중심을 이루고 있는 것이 바로 소비자 만족과 소비자 보호인데 이로 인해 소비자들이 많은 혜택을 받고 있어 비판하지 않는다. 하지만 소비자를 수동적이면서 유아적이고 힘이 없는 존재로 가정하고 있어 가언일 수 있어 맹점을 짚어본다. 먼저 소비자 만족이다.

#### 소비자 만족

"소비자는 왕이다. 이들이 만족하지 않으면 우리는 존재할 수 없다. 소비자가 만족할 때까지 총력을 기울여야 한다"는 아포리즘을 1980년대 이후 세계적 기업의 CEO나 경영 구루들이 즐겨 사용한다. 소비자 만족의 아포리즘은 다양한 의미를 함축하는데, 왕이란 표현이 갖는 의미부터 보자.

왕은 백성의 맨 위에서 백성을 계도하고 관리하는 위치에 있지 결코 기업이 지배하거나 관리할 대상이 아님을 함축하는 의도된 겸손이다. 이는 후기 자본주의 사회에서는 생산자가 아닌 소비자가 갑의 위치에 있음을 말하고 있다. 다음으로 "만족하지 않으면 존재할 수 없다"는 표현은 이익이 아니라 소비자 만족을 기업 목적으로 한다는 것인데, 이익에 대한 비판을 비껴가기 위한 수사적 표현이다. 세 번째로 "소비자가 만족할 때까지 총력을 기울여야 한다"는 표현 속에 직원, 특히 접점 직원의 감정 노동을 강요하는 전술이 숨어 있다. 소비자에게 잘하기 위해 가슴을 열고 더 열심히 일할 것을 독려하는 것이다.

소비자 만족을 아포리즘으로 규정하고 비판했지만 소비자 만족이 소비 담론이 된 이후 소비자생활이 좋아진 것은 사실이다. 더 친절해졌고 더 빨라졌고 환급도 쉬워졌으며 제품이나 서비스 품질도 좋아졌다. 특히 한국 서비스 수준은 세계적이라 외국, 특히 선진사회에서 생활이 매우 불편하게 느낄 정도다. 인천공항 서비스 만족도는 항상 세계 1위를 기록하고 있는 것이 좋은 예다.

하지만 이것이 바로 독소로 작용하고 있음을 사람들은 간과하고 있다. 소비자 만족을 강조할수록 중소기업과 신생기업의 설 자리는 없어진다. 이유는 기존의 대기업이 제공하는 만족 수준에 적응된 소비자는 중소기업 제품, 사회적 기업 제품, 심지어 신생기업까지도 같은 수준의 만족을 요구하게 되는데 자원의 제약이 있는 이들은 대기업의 만족 수준을 따라가지 못한다. 정확한 자료 분석을 하지는 못해 강한 주장을 할 수는 없지만, 소비자 만족이 우리 사회의 담론이 된 이후 중소기업과 대기업의 간격은 더 벌어졌으며 신생기업으로 성공하기가 점점 어려워지고 있다.

### 소비자 보호

1980년대 이후 소비자 만족과 함께 등장한 담론이 소비자 보호다. 흔히들 소비자의 네 가지 권리를 말한다. 알 권리·알려질 권리·안전할 권리·선택할 권리다. 최근 들어 독일산 자동차 문제와 관련하여 소비자 집단소송제 도입을 거론하고 있는데 이것은 소비자 단체행동권으로 매우 중요한 법률적 쟁점이 될 수 있다. 노동자 단체행동권은 보장하고 있으나 이에 상응하는 소비자 단체행동권이 유보되어 왔기 때문이다. 단체행동권까지 포함하면 소비자의 권리는 다섯 가지가 된다.

다섯 가지 소비자 권리 중 특히 정부와 시민 단체는 안전할 권리와 선택할 권리에 주목하고 있다. 선택할 권리는 공정거래법에서 독과점이나 기업체 간 담합을 규제하는 법안으로 보장하려 애쓰고 있지만, 만족에 익숙한 소비자가 오히려 독과점적 위치에 있는 기업 제품이나 서비스를 선호하여 이들에게 프리미엄을 누리게 하는 문제가 있다. 즉 독과점 규제가 프리미엄을 만들어주는 아이러니가 일어나고 있다.

안전할 권리는 다섯 가지 권리 중 가장 중요시되는 권리로 정부 기관과 시민 단체가 중심되어 제품의 물성이나 인체 피해를 조사하고 문제를 제기한다. 대표적인 사례는 가습기 살균제 문제다. 이건 좋다. 하지만 그 외의 소비자 보호는 자칫하면 기업 규제의 빌미가 될 수 있다. 소비자 보호를 빌미로 정부와 국회가 각종 규제를 양산하면 장기적으로 소비자는 피해를 볼 수 있다.

### 기존 개념 넘어서기

신자유주의 기점인 1980년 이후 여러 학문 분야에서 만들어낸 소비 담론을 정리하고 비판하였다. 소비자가 소중하면 그들이 하는 소비도 소중하고 존중받아야 한다.

모든 시민이 소비자이고 매일 소비하여, 한 사회구성체가 원활히 돌아가는 데 더할 수 없이 중요하기 때문이다. 소비와 소비자가 제대로 조명을 받는 것을 두려워하는 이가 누굴까? 기득권이다. 대기업이고 정부이며 국회가 가장 무서워할 것이다. 소비자가 외면한 대기업·정부·국회는 존립할 수 없기 때문이다.

시민 모두가 소비자이고 소비하면서 주체적 소비 담론에

귀 기울이지 않는 이유는 아마도 기득권자의 술책이 숨어 있을 것이다. 소비 행위가 시민으로서 사회적 책임을 다하는 중요한 것이라고 해버리면 시민의 힘은 커지고 정부의 힘은 약화될 수 있음이다. 시민이 매일 하는 소비의 부정성을 강조함으로써 시민의 도덕성이 의심받고 이로 인해 시민 연대는 힘을 잃게 되고 정부가 옳다고 여기게 되는 것이다.

또한 소비자 보호니 소비자 만족을 사회적 담론으로 강조해야 대기업·정부·국회가 시민을 위해 봉사하고 있다는 증거가 된다. 만족보다 더 중요한 덕목이 있고, 보호보다 주도initiative가 있다는 말을 시민은 할 수 있다. 시민이 주도적으로 나설 때 어설픈 연극은 끝날 것이다.

가언명법으로 소비자를 몰아가는 지금까지의 시각에서 벗어나는 것이 바로 새로운 개념설계다. 두 가지 길을 안내한다. 먼저 호명부터 소비자에서 생활자로 바꾸는 것이고 이들의 소비행위를 개념소비experience로 바꾸는 것이다. 좀 더 구체적으로 알아본다.

## 새로운 소비자개념: 생활자

소비자라는 명칭에 문제가 있다. 소비자를 사는buying 사람으로 가정하는 생산자 중심적 시각이다. 소비자는 생산물을 구입하여 없애기 위해 존재하는 것이 아니라 소비 자체를 행복이란 삶의 가치를 창출하는 계기로 볼 수 있다.

따라서 소비자는 사는buying 사람이 아니라 사는living 사람인 생활자다. 생활자라고 하면 생산자에 대비된 소비 주체에서 벗어나 중심에 설 수 있다. 이 사회는 기업이나 정부, 국회가 중심이 아니라 생활자가 중심에 있다. 생활자는 이 사회의 주인이고 자유인이다. 소비하여 기업을 먹여 살리고 정부에 세금을 내고 국회의원 뽑아주는 호구가 아니다. 생활자로서 덕목이 있다. 굳이 만족하게 해주거나 보호하지 않아도 된다. 내가 행복하게 살아가기 위해 주체적으로 행하기 때문이다. 생활자는 창조적 소비자나 문화 창조자 등으로 불리기도 한다. 이들이 하는 소비행위를 개념소비라 한다.

## 새로운 소비개념: 개념소비

소비는 욕망 충족이 아니라 그 이상의 의미가 있다. 소비가 행복이고 생활의 의미이며 사회를 바꾸는 시민정신이기도 한 것이다. 여러 학문 분야에서 줄곧 비판하는 그런 소비가 아니다. 자기 스타일·문화·예술 등 의미를 찾는, 즉 '개념소비'로 소비개념이 바뀌고 있다. 하나의 예가 부티크 호텔이다. 이는 콘셉트가 분명한 호텔을 말하는데 단순한 숙박이 아니라 의미 있는 숙박을 제공하여 주말 휴식 공간으로 자리매김하고 있다. 이런 현상을 설명하려면 호텔이 더 이상 숙박이란 욕망을 충족시키는 소비 장소가 아니라 개념을 제공하는 공간으로 바뀌어야 한다.

개념소비는 경험experience을 의역한 용어로 파인Pine과 길모어Gilmore 교수가 비즈니스에 적용한 개념이라 생소할 수 있다.[9] 이는 겪음이나 해봄을 강조하는 단순한 체험과는 구분되는 것으로 소비가 갖는 감각적, 정신적 감흥sensation으로 행복·즐거움arousal·휴식relaxation 등을 포용하는 개념이다. 의미를 분명히 하기 위해 소비와 개념소비를 대비시켜 설명한다.

첫째, 소비는 종말이지만 개념소비는 탄생이다. 기존의 사고는 생산이 소비로 완결되어 끝나지만 새로운 사고는 소비가 종말이 아니라 새로운 가치를 창출하는 기회라는 것이다.

둘째, 소비는 완결이지만 개념소비는 해체다. 소비는 최대효용으로 계산하지만, 경험은 각자의 느낌이라 계산할 수 없는 그 이상의 의미가 있는 것을 말한다.

셋째, 소비는 논리적이지만 개념소비는 축제다. 달리 표현하면 소비가 낮이라면 경험은 밤이 있는 낮이고, 소비가 여름의 푸름을 추구하는 것이라면 경험은 푸름을 내포하고 인고하는 겨울나무, 즉 나목이다. 나목에는 올여름의 푸름이 아니라 내년의 푸름이 들어 있다. 니체의 표현을 빌리면 소비는 아폴론적이지만 경험은 디오니소스적이라고 해도 될 듯하다.

넷째, 소비는 배제적이고 제한적이며 소멸하고 강제적이지만 개념소비는 비배제적이고 전이적이며 누적적이고 자발적이다. 무슨 뜻인가? 비배제적이란 1인의 소비가 타자의 소비를 배제하지 않는다는 것이다. 따라서 소유보다 공유가 더 중요하다. 전이적이란 개념소비로 인한 정신적 풍요가 노동경험으로 전이될 수 있다는 것이다. 예를 들어 여행이나 문화예술 감상은 노동의 질을 개선하는 데 도움이 된다. 누적적이란 개념소비는 또 다른 개념소비를 생성한다는 것인데 여행이나 문화예술 감상을 하는 사람이 다른 활동을 또 한다는 것이다. 자발적이란 개념소비자와 일반 소비자 간에 차이가 있음을 말한다. 개념소비자는 일반 소비자보다 독립적이고 자발적이다.

### 개념소비가 사회를 바꾼다

소비자가 약하다고 말하는 것은 일종의 이데올로기일 수

있다. 약하니 보호하고 만족하게 할 테니 가만히 있으면 된다는 수동성을 만들어내는 이데올로기다. 하지만 생활자인 시민은 그리 쉽게 자본에 지배되거나 타자의 욕구 조작에 벌거벗고 노출돼 있지 않다. 시민은 좀 더 나은 세상을 설계하는 데 능동적으로 나선다. 이런 사회적, 생태적 의미가 있는 개념소비의 능동성을 영향소비impact consumption라 한다. 구체적인 예를 소개한다.

첫째 친환경 소비다. 그린 제품, 유기농산물을 구매하는 행위, 쓰레기를 줄이기 위해 텀블러나 에코백을 소지하는 행위, 쓰레기를 분리수거하고 가능한 재활용하려는 행위 등이 여기에 속한다. 이런 소비행위는 자연과 인간이 하나라는 철학적 각성이 전제될 때 가능한데 네이티브 아메리칸 추장인 시애틀Chief Seattle(1786~1866)이 남긴 말을 경청한다.

> 우리는 대지의 한 부분이고 대지는 우리의 한 부분이다. 향기로운 꽃은 우리의 자매이고 사슴·말·큰 독수리 이들은 우리의 형제다. 바위산 꼭대기, 풀의 수액, 조랑말과 인간의 체온 모두가 한가족이다.

이로쿼이족의 기도문도 함께 소개한다.

다른 별에는 없는 온갖 거름을 지닌 부드러운 흙에 고마움을 전합니다. 해를 향해 서서 빛을 변화시키는 이파리들과 머리카락처럼 섬세한 뿌리를 지닌 식물에 고마움을 전합니다. 그들은 비바람 속에서 묵묵히 서서 작은 열매들을 매달고 물결처럼 춤을 춥니다. 물에 고마움을 전합니다. 구름과 호수와 강과 얼음 신에게도 고마움을 전합니다. 그들은 머물렀다가 또 여행하면서 우리의 몸을 지나 소금의 바다로 흘러갑니다. 우리의 마음도 그렇게 되게 하소서.

둘째 중소기업, 사회적 기업 제품이나 로컬농산물 소비가 영향소비다. 매일 점심 후 아메리카노 한잔을 하는 게 소확행인데 내게는 식사 후 커피를 마시기에 적당한 카페가 두 곳이다. 한 곳은 세계적으로 이름이 알려진 브랜드 점이고 다른 한 곳은 농구를 좋아하는 남해 출신 젊은이가 혼자

서 하는 카페다. 작은 카페가 3년 정도 운영되고 있는 이유는 무엇일까? 바로 개념소비의 힘이다. 소비자가 조금만 정신을 차리면 이렇게 자영업과 대기업이 공존할 수 있는 것이다. 일본의 농어촌마다 특산물이 있는 것은 이미 알려져 있는데 이들은 특산물을 홍보하기 위해 엄청나게 비싼 가격으로 첫 수확물을 사주는 행위를 한다. 태풍으로 다 떨어지고 남은 사과를 합격 사과란 이름으로 팔아주는 영향 소비를 이들은 하므로 로컬농산물은 존립할 수 있다.

셋째, 대의 소비가 영향소비다. 글자 그대로 큰 뜻을 행하는 기업의 제품을 구매해주는 것이다. 정규직만을 고집하는 기업이 있고 직원을 인재로 육성하는 기업이 있으며 소문내지 않고 사회의 그림자를 걷어내기 위해 돈을 기부하는 기업이 있다. 이들이 갖는 뜻을 대의cause라 한다. 앞의 그림은 내시John Nash(1928~2015) 교수를 주인공으로 다룬 〈뷰티풀 마인드〉 영화의 포스터다. 천재 수학자인 그가 정신분열증을 극복하기 위해 노력하며 가방을 앞으로 끌어안고 어수룩하고 약한 모습으로 앉아 있는 그에게 프린스턴대학 동료 교수들이 존경과 감사의 마음을 담아 만년필을 건네면서 하는 말이 있다. "선생님, 존경합니다.It's an honor, sir"

넷째, 사회봉사 또한 영향소비다. 소비 자원에는 돈만 있는 것이 아니라 시간과 건강이 있다. 건강할 때 장애인을 돕는 봉사활동에 동참하든지 내가 어려울 때를 대비하여 헌혈하고 양로원 봉사를 할 수도 있다. 사회봉사는 그 봉사를 받는 사람보다 행하는 사람에게 돌아가는 행복감이 크다고 한다. 돈이 없다고 영향소비를 못 하는 게 아니다. 건강한 시간을 쪼개서 봉사활동을 하는 것도 영향소비다.

### 요약

소비는 중요하다. 그것도 매우 중요하다. 이유는 경제의 한 축을 책임지고 있기 때문이다. 소비가 제대로 되면 경제는 잘 돌아가고 그렇지 않으면 삐걱거리게 된다.

흥미롭게도 소비자가 하는 행위가 소비임에도 소비자는 만족과 보호의 대상으로 떠받치면서 소비는 부정적으로 보는 모순을 기존 시각에서 엿볼 수 있다. 이는 분명 보이지 않는 손에 의해 왜곡된 가언명법일 수 있다. 이를 비판하고 새로운 개념으로 소비와 소비자를 모순의 굴레에서 벗어나게 하려고 이 장을 쓴다. 소비와 소비자가 모순에서 벗어날 때 소비는 경제의 핵심축이 되고 나라 발전에 공헌할 수 있기 때문이다. 대기업이나 정부·국회가 나라 경제를 돌아가게 하는 게 아니라 소비자의 소비가 동력이다.

# 제9장 경영 새로 보기

## 경영의 탄생

경영management은 1900년대 접어들면서 등장한 개념이다. 어떤 개념이든 시대성을 반영하여 등장하고 그렇게 등장한 개념은 시대정신을 이끄는 담론이 되어 그 시대를 새로운 세상으로 이끌고 간다. 시대가 개념을 탄생시키고 개념이 시대를 이끌고 가는 선순환을 말하고 있다. 따라서 시대에 맞지 않는 개념이 담론이 되는 사회는 어느 수준을 벗어나지 못하거나 뒷걸음질 치게 된다.

1900년대에 접어들면서 등장한 철도·자동차·광산 등의 생산 현장은 과거 시대와 판이한 대량생산·대량고용·대량 소비라는 특징을 갖고 있어 이를 관리하는 개념으로 경영이 등장한 것이다.

경영이란 개념이 등장한 이후 인류는 유사 이래 최고의 경제성장을 달성할 수 있었다. 좀 지나친 말이지만 '경영'이 인류의 번영을 가져왔다고 해도 지나침이 없을 것이다. 따라서 경영의 생명력을 잘 살리는 사회는 지속해서 발전할 것이고 이를 부정의 눈으로 보는 사회는 발전하기 어렵다고 할 수 있다. 경영의 생명력을 인정하고 이를 살리는 나라는 최강국이 될 수 있고 부정성을 부각시키는 나라는 약국弱國이 될 수밖에 없다는 것이다.

이런 점에서 볼 때 미국은 경영으로 21세기 로마제국이 되었으며 중국 또한 '대국굴기'란 이름으로 경영을 중시하여 미국과 겨루려 한다.[*1]

이런 판에 유독 대한민국에서 경영이 찬밥 신세가 되는 것은 흥미롭다. 기업인의 갑질이 질타의 도마 위에 오른 이후 경영은 더 찬밥신세다. 아마도 경영을 기업인의 갑질 합리화 도구 정도로 생각하거나 자본가의 배를 불리는 수단 정도로 생각하는 것 같다.

이런 부정성의 눈으로 경영을 보는 것을 한탄하거나 탓할 생각으로 이 글을 쓰진 않았다. 경영을 잘못 이해하고 있기 때문일 수 있고 우리나라 경영이 제대로 시대성을 반영하지 못한 탓일 수도 있을 것이다. 따라서 제대로 이해하고 시대성을 반영하는 새로운 개념설계를 제안하여 경영의 생명력을 복원하려 한다.

### 경영은 진리를 찾는 지적 활동이 아니다

원칙이나 기준을 정해놓고 경영을 비판하는 소리를 흔하게 듣는데, 경영은 진리를 찾는 학문이나 지적 활동이 아니다. 그럼 뭔가? 경영은 창작이고 설계고 상상이다. 새로운 것이나 새로운 길을 찾아 나서는 행위이고 그 행위를 통해서 새로운 세상이 도래하게 하는 이 시대의 핵심담론이다. 경영에는 정답이 없다.

시대와 공간에 따라 끊임없이 변신하는 작업이고 그렇게 할 때 성과는 나타나는 것이다. 대체 무슨 근거로 이런 주장을 하는 것인가? 하고 반문할 것이다.

경영은 영어로 'management'다.[2] 이는 인근 학문인 심리학psychology · 사회학sociology · 인류학anthropology · 경제학economics · 수학mathematics · 물리학physics 등과 다름을 눈치챌 것이다. 다른 학문은 '-ology' '-ics'라는 학문용어로 끝나지만, 경영은 그냥

management다. 오히려 문학literature·예술art·디자인design과 유사한 명칭이다. 이들 명칭에는 진리나 원칙을 추구한다는 의미의 '-ology' '-ics'가 없다. 창작 행위literature·상상 행위art·그리는 행위design 등과 같은 '프랙티스practice'이지 진리를 추구하는 것이 아니기 때문이다.

그러면 이런 반문이 나올 것이다. 명칭이 유사하다고 하여 경영을 진리 추구가 아닌 창작하고 상상하고 그리는 프랙티스로 해석할 수 있는가? 이유는 명칭의 유사성 외에 경영이란 학문이 탄생한 미국의 철학적 배경 때문이다. 경영이 미국에서 가장 발달한 이유는 미국을 주도하는 사상인 프래그머티즘과 관련이 있다. 프래그미티즘은 진리가 정해져 있다고 보지 않는다. 실증을 통해 행하면서 찾아가는 것이 진리라고 본다. 따라서 진리는 언제나 의심받고 수정되고 진보 발전한다.

예를 들어 오늘 우수한 기업의 사례로 꼽히던 기업이 10년만 지나면 어디 갔는지 모르는 일이 비일비재하다. 물론 우수한 기업이 하는 경영이 좋은 경영의 본보기가 되곤 한다. 하지만 본보기를 따라가면 어느 사이에 그 본보기 기업은 사라지거나 변신하여 다른 길을 가고 있다. 따라서 경영의 원칙·법칙 등의 이름으로 제시되는 경영은 해당 기업과 그 시대에는 맞지만, 이 시대나 우리 회사에 맞는다고 할 수는 없다.

이런데도 우리 사회는 경영의 진리가 존재한다고 가정하고 또 이를 찾아가는 사회과학이나 자연과학의 눈으로 보고 있다. 그래서 이렇게 해야 한다는 진리에 가까운 기준을 정해놓고 이 잣대로 경영을 판단하고 있는 것이다. 경영은 미래를 향한 프랙티스이기 때문에 좋고 나쁨은 미래 성과에 의해 판단되는 것이지 현재나 과거의 눈으로 판단하는 것은 아니다.

### 왜 우리는 경영을 부정적으로 볼까

경영이 프랙티스임을 말했다. 하지만 우리는 경영에 진리가 있고 또 이를 추구하는 것이 진정한 경영이라고 보게 된 이유가 분명 있을 것이다. 경영학 교수들이 생존하기 위해 만든 부정성일 수 있다. 내가 살려면 타자의 부정성을 꼬집고 비판해야 하기 때문이다.

경영학자가 살기 위해서 경영에 심오한 지식이나 원칙, 진리가 있는 것처럼 가정하고 이를 근거로 실무 경영을 비판하여 우위에 서려는 것인지도 모른다.

또한 이 시대의 미국에 맞게 만들어진 경영 지식을 비판없이 수용하여 적용하다 보니 현실에 맞지 않아 부정적으로 보게 되었을 수도 있다.

하지만 이런 이유로 우리 사회의 반경영 정서를 설명할 수는 없다. 이유는 미국도 경영학 교수가 있고 한국 특유의 경영이 있기 때문이다. 우리 사회가 경영·경영인·경영학을 부정적으로 보는 이유는 이런 이유가 아니라 더욱 뿌리 깊은 사상에 닿아 있다. 그 뿌리는 바로 조선의 지배 담론으로 군림해온 이기론理氣論이다.[3]

### 이기론

이기론을 간단히 소개한다. 이理는 보이지 않는 중심, 즉 우주·세상·삶의 기본원리 내지는 가치관을 말한다. 철학 용어로 바꾸면 불변의 진리다. 플라톤은 이를 이데아라고 했고 이를 이어받은 칸트는 선험 지식이라고 한다. 따라서 하늘의 뜻이고 사람의 도리라고도 할 수 있다. 이理를 강조하는 것은 근본주의다.

한편 기氣는 보이는 현상·존재·생·자연관 등을 말한다. 보이고 경험할 수 있고 현존하는 것을 기라고 본 것이다. 따라서 기氣는 보이지 않거나 경험하지 못하거나 현존하지 않는 것을 중시하지 않는 세속주의라고 할 수 있다.

이기理氣의 관계는 불리부잡으로 본다. 떨어져 있지도 그렇다고 섞이지도 않는다는 애매모호한 표현이다. 태극기의 두 색을 가르는 곡선이 불리부잡을 표현하고 있다. 애매모호하기 때문에 논쟁의 여지가 많으며 조선 500년에 걸쳐 담론이 돼온 논쟁이 이기일원론理氣一元論과 이기이원론理氣二元論이다.

이기일원론은 이와 기가 하나로 기에 이가 이미 나타나 있다고 보는 율곡 이이를 중심으로 한 현실 정치인들의 철학 기반이다. 이기이원론은 이와 기가 따로 있고 기는 이를 따른다고 보는 퇴계 이황을 중심으로 한 이상 정치인들의 철학기반이다.

### 이기론과 경영

이기론이 왜 경영을 부정적으로 보게 했을까? 일원론이든 이원론이든 우리 사유의 밑바탕에는 하늘의 이치인 '이'가 자리하고 있다는 것을 전제로 한다. 하늘이 무섭지 않으냐, 하늘이 내려다보고 있다는 등의 표현을 자주 하는 것이 그 증거이고 또한 세계 최고로 번성하는 기독교도 그 이유다. 이가 있다는 것과 하느님의 존재를 믿는 것은 일맥상통한다. 조선 시대의 이가 하느님으로 대체된 것이다.

이런 사유의 밑바탕이 있어서 경영까지도 어떤 진리의 기준에 따라 판단하고 평가하여 그 기준에 맞지 않으면 부정성으로 매도하는 것이다.

경영은 끊임없이 상상하고 행위를 하고 그리는 프랙티스이지 가치 판단의 대상이 아님을 말했다. 오해받는 부정성을 그대로 둘 수는 없다. 그렇다면 경영의 부정성을 극복하고 생명력을 회복하는 방안은 없을까? 비루하지 않은 경영 혹은 덜 비루한 경영이다.

## 새로운 경영 개념: 비루하지 않은 경영

하늘의 뜻에 벗어나지 않는 경영을 하면 오죽이나 좋겠지만, 사실 하늘의 뜻이 무엇인지 알 길이 막연하고 그 뜻은 받아들이는 사람마다 다를 수 있어 일반화시킬 수는 없다. 그렇다면 우리가 할 수 있는 것은 무엇인가? 적어도 덜 비루하게 경영하는 것이고 궁극적으로 비루하지 않게 경영하는 것이다.

덜 비루함이나 비루하지 않음은 무엇인가? 비루함mean이란 숭고함의 반대에 있는 개념으로 숭고함을 규정하는 개념으로 사용된다. 이 책에서 비루함에 주목하는 이유는 숭고한 경영이 무엇인지 알 길이 없기 때문이다. 법의 테두리 내에서 법을 철저히 지키면서 경영하는 것이 숭고함인지 윤리적으로 경영하는 것이 숭고함인지 규정하기 어렵다. 그래서 생각해낸 것이 덜 비루함이고 비루하지 않음이다. 비루하지 않음으로 향하는 세 가지 길을 소개한다.

### 시시포스적 인내 갖기

하루하루의 쳇바퀴를 따라 돌면서 무의미한 삶을 살아가는 현대인의 모습을 두 사람의 작가가 그려내고 있는데 베케트의 『고도를 기다리며』와 카뮈의 『시시포스 신화』다. 전자는 고도라는 막연한 언제 올지 모르는 존재를 기다리면서 무료하게 살아가는 현대인의 모습을 꼬집고 있다.

후자는 반복하는 일상을 시시포스의 바위 밀어 올리기에 비유한다. 카뮈가 말하는 것은 반복되는 일상이란 부조리를 운명으로 받아들이고 이를 의지로 버티는 것이다. 그래서 웃는 시시포스라고 하기도 한다.

오늘 밀어 올린 바위가 미끄러져 내려오면 또 내일 밀어 올리면 된다고 생각하는 인간 정신을 말한다. 이를 시시포스적 인내라고 표현한다.

100년 된 노포를 지켜온 사람들의 인간 정신이 바로 시시포스적 인내다. 100년 이상을 반복되는 일상을 지켜온 사람들의 고통과 눈물, 지루함을 생각해보면 인간 정신의 위대함을 짐작할 것이다. 이들이 큰돈을 번 것도 아니고 그저 하루하루를 행했을 뿐이다. 이것이 바로 비루하지 않음으로 가는 길이다.

**시대성에 맞추기 1: 이주**

시시포스적 인내로 자기 자리를 지키는 것이 비루하지 않음이라고 한다면 또 이런 생각을 해볼 수 있다. 시대성과 함께 춤을 추는, 즉 시대성을 따라가는 경영 또한 비루하지 않음으로 가는 길이다. 이유는 시대성을 따라갈 때 세속적 의미의 성과는 높아지기 때문이다.

그래서 시가총액 순위 세계 톱10 기업을 보기로 하자(2018년 4월 현재). 애플(903억 달러), 구글(788억 달러), 아마존(760억 달러), 마이크로소프트(728억 달러), 텐센트(563억 달러), 페이스북(537억 달러), 버크셔해서웨이(512억 달러), 존슨앤드존슨(358억 달러) 순이다. 한편 기업가치 100억 달러 이상인 신생

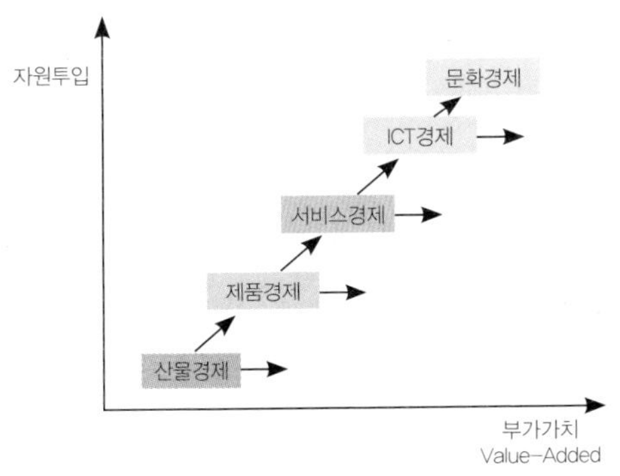

기업인 데카콘Decacorn 리스트도 보기로 하자. 우버(680억 달러), 샤오미(460억 달러), 메이투안디엔핑(300억 달러), 에어비앤비(293억 달러), 스페이스X(215억 달러), 팰런티어테크놀로지(200억 달러), 위워크(200억 달러), 루닷컴(185억 달러), 핀터레스트(123억 달러), 플립카트(116억 달러), 리프트(115억 달러), 터우타오(110억 달러), 드롭박스(100억 달러), 인포(100억 달러), DJI(100억 달러).

시가총액 기준 최상위 기업을 예로 든 이유는 시대성을 따라가지 않으면 비루하게 살 수밖에 없음을 말하기 위해서다. 시대성을 따라가는 방식은 그림처럼 두 가지 화살표가 있는데, 대각선 화살표는 이주immigration이고 평행 화살표는 이동migration이다.

먼저 대각선 화살표(→)인 이주다. 화살표는 옮겨감 혹은 나갈 방향을 지시하는 가리킴이다. 여기가 아니니 저기로 가면 수익성과 생산성이 높아질 것을 알려주고 있다. 그래서 콜린 클라크 같은 이는 산업 구성 비율로 이 논리를 입증하여 3차 산업〉2차 산업〉1차 산업으로 산업 비율이 구성되는 것이 선진국의 비결임을 말한다.

미국과 영국은 이 식에 대입하면 어느 정도 맞다. 하지만 독일이나 일본은 여전히 2차 산업이 높은 비중을 차지하고 있고 프랑스 심지어 미국조차도 1차 산업이 상당한 비중을 차지하고 있어 대각선 화살표를 그대로 믿기엔 한계가 있다. 또한 이주에는 몇 가지 치명적인 한계점이 있는데 이를 짚어 본다.

첫째, 옮겨감은 필연적으로 새로움이 필요하다. 신대륙이 필요함을 말한다. 우리가 흔히들 조선·자동차·반도체 등에서 중국이 따라오는데 무엇을 먹거리로 삼아 살아가야 할지를 걱정한다. 새로움이 화살표의 끝에 있고 그곳을 향해 온 힘을 다해 달려가야 생존할 수 있다고 믿는 사유의 결과다. 열심히 달려갔는데 그 끝에 아무것도 보이지 않을 때 당황하고 초조해진다.

그 결과 자칫하면 파시즘과 같은 대중적 폭력이 나타날 수 있고 중세의 마녀사냥처럼 이질성을 화형에 처하는 사회 폭력이 난무할 수 있다. 즉 경영 실패가 사회적 폭력으로 바뀔 수 있음이다.

둘째, 어디로 가야 한다고 생각하면 바쁘다. 여행하다 보면 이곳저곳을 다니는 눈인사 여행으로는 갈 곳이 바빠 느낌이 없다. 못 본 스트레스를 해소할 수 있지만, 참모습은 보지 못한다. 마찬가지로 화살표를 따라가는 산업 이동의 논리는 화살표의 맨 위를 숭배하고 아래 단계를 가벼이 여기게 한다.

셋째, 옮겨감에는 언제나 갈등이 따른다. 주어진 자원을 나눠 가지자면 자연스럽게 산업 간에 갈등이 생기기 마련이다. 우리나라 압축 성장도 따지고 보면 농업을 희생하여 공업에 투자를 집중한 결과이다. 그 과정에서 급격한 도시화로 주택문제·교통문제·환경문제가 야기됨을 우리는 눈으로 보고 있다.

끝으로 지역이나 지방의 쇠퇴다. 농업이 발달한 지역이 있고 울산이나 거제처럼 특정 공업이 발달한 지역도 있는데 정보통신 기술ICT 경제나 문화 경제로 옮겨가면 지방이나 지역은 쇠퇴한다. 특정 산업 메카이던 도시의 쇠퇴는 거대도시로의 인구 유입을 가속화시킨다. 그 결과 서울 강남권과 지방 및 주변 지역 집값의 격차는 자꾸만 커진다. 그리고 결혼 비용은 점점 증가하며 노년 대비 저축은 줄어들어 노인 빈곤율이 자꾸만 늘어날 수 있다.

따라서 이주의 한계점을 인식하고 이를 시대성 맞추기로 사용할 때 비루하지 않은 경영은 가능할 수 있다.

### 시대성에 맞추기 2: 이동

다음은 평행 화살표인 이동migration이다. 자원을 부가가치가 더 높은 곳으로 이동시키는 것이다. 이유는 고객이 그쪽으로 가기 때문이다.

이동 개념을 이해하기 위해 우선 예부터 보기로 하자.[4] 다음 사례를 이동이 아니라 이주로 볼 수도 있지만 여기서는 이동의 사례로 사용한다.

자동차: 가솔린→하이브리드→전기차

자동차 소프트웨어: 사람이 운전하는 자동차→자율 주행 자동차

병원 서비스: 치료curing하는 병원→성형이나 다이어트처럼 보호caring하는 병원

주식: 쌀→빵, 햄버거, 스파게티, 피자

식사: 집에서 식사→바깥에서 식사

가구 구성: 4인 가구→1인 가구

음악 서비스: LP→CD→스트리밍

난방: 연탄보일러→기름보일러→가스보일러

밥솥: 전자 밥솥→압력 밥솥

건강: 한의원의 보약→운동(자전거·등산·마라톤·헬스클럽 등), 발기부전 치료제

주택: 단독주택→아파트→하이브리드 주거

만남: 다방→카페

신발: 정장 구두→캐주얼 구두·운동화

의류: 정장→캐주얼·아웃도어·기능성 의류

예만 보아도 '이동'의 의미를 짐작하겠지만, 핵심은 고객가치가 이동하는 것을 말한다. 이주는 산업에서 다른 산업으로 옮겨감을 말하지만, 이동은 동일산업 내에서 고객가치를 따라 변해가는 것을 말한다. 상당히 다른 접근인데 이동 개념은 고객가치에 초점을 맞추고 있지 산업에 중점을 두고 있지 않다. 이동을 제대로 하려면 제품이 아니라 고객가치에 주목하는 안목이 필요하지만, 이주가 갖는 여러 가지 문제점이 없어 무난한 시대성 맞추기다. 따라서 비루하지 않은 경영으로 추천한다.

## 요약

사적 영역 개념설계의 세 번째 주제가 경영이다. 1900년대 이후 사회의 중심 담론이 된 경영의 힘을 먼저 논의했다. 경영은 프랙티스이지 진리를 찾아가는 지적 공정이 아님을 말한다. 이런 학문의 특성을 잘 살린 미국은 세계 최강국이 되었지만, 한국은 원칙이나 법칙 등을 기준으로 경영을 매도한다. 이유는 오랜 기간 우리의 사유를 지배해온 이기론 때문이다. 그래서 경영의 생명력을 복원하는 것이 어려움에 부닥친 한국 경제의 활로를 찾는 것이라고 보고 세 가지 방안을 제시한다. 시시포스적 인내, 시대성에 맞추기인 이주와 이동이다. 이런 사유에 바탕을 두어 상상하고 창조하는 프랙티스를 하는 것이 비루하지 않은 경영 개념이다.

제4부

# 국가 경영에서 개념설계

# 제10장 4차 산업혁명 달리 보기

## 한국 사회가 불안하다

2015년 전후로 인공지능과 연결망의 중요성을 강조하기 위한 수사적 표현으로 가끔 사용되던 '4차 산업혁명'이 본격적으로 주목받게 된 계기는 2016년 1월 20일 스위스 다보스에서 열린 세계 경제 포럼이다. 이 포럼의 키워드 중 하나로 꼽히면서 세계적 관심을 끌게 된 '4차 산업혁명'이 유독 한국에서 주목받고 있는 현상은 흥미롭다. 어느 자리에 가든 4차 산업혁명은 화제의 중심이 된다. 이처럼 4차 산업혁명이 동시대 한국 사회의 사유를 지배하는 담론이 된 이유는 무엇일까?

지인은 이런 말을 한다. 외국은 조용한데 왜 우리는 이 난리를 치지!? 과장이 좀 있지만 4차 산업혁명에 대한 과잉 반응을 꼬집는 감탄이고 의문이다. 감탄은 두려움과 희망을, 의문은 호기심을 암시하는 기호다. 감탄이나 의문 등 어떻게 반응을 보이든 그건 본인의 문제이니 큰 상관은 없지만, 한국 사회 전체의 담론이 될 경우는 얘기가 다르다.

대체 왜 이 야단법석일까?

**불안한 현실**

야단법석의 원인은 한국 사회가 지금까지 경험해 보지 못한 현실에 있다. 한국 사회가 직면한 현실은 저성장·저출산·급속한 고령화로 요약된다. 모두가 지금껏 경험하지 못한 문제라 갈피를 잡지 못하고 불안해하다 보니 유독 4차 산업혁명에 주목하는 것이다. 저출산과 급속한 고령화는 다음 장인 복지정책에서 다루기로 하고, 여기서는 저성장에 주목하여 4차 산업혁명과 연결해 논의하려 한다.

1986~88년 동안 3년 연속 10% 이상 세계 초유의 GNP 성장률을 자랑하던 대한민국 경제는 이후 내리막길에 접어들어 지금은 2~3% 유지에도 힘이 겹다. 특히 좋지 않은 시그널은 3% 이상인 세계 경제의 성장률에도 미치지 못한다

는 점이다. 그나마 지금은 2~3%라도 정부재정 투입으로 간신히 유지하고는 있지만 앞으로가 더 문제다. 제로 내지는 마이너스 성장이 예상되기 때문이다. 대체 왜 이렇게 된 걸까? 재벌의 문제·교육의 문제·정부의 무사안일·심화되는 규제 등등 다양한 진단들이 매스컴을 장식하고 있지만 이 책은 콘드라티예프의 장기 불황설에 주목한다.

### 콘드라티예프의 장기 불황설

옛 소련 경제학자인 콘드라티예프Nikolai Kondratiev(1892~1938)는 어떤 경제 시스템이든 50년 정도면 그 수명을 다하여 불황에 빠질 수밖에 없다면서 소련 또한 예외가 될 수 없음을 지적했다. 스탈린 정권에서 사형당한 인물로 장기 불황 이론의 세계적 대가이다.[1] 이유는 50년이 지나면 하나의 경제 시스템이 갖는 생명력은 떨어지고 기득권은 점점 보수화되기 때문이라고 한다. 하나의 경제발전 모델의 유효기간을 50년으로 본 근거는 잘 모르겠으나 그가 주장하는 바는 분명하다. 경제발전 모델의 수명 기간이 있고 그 기간 안에 새로운 모델로 대체하지 못하면 그 나라 경제는 결딴남을 경고하고 있다.

이 이론이 타당한지 아닌지를 보여주는 사례가 소련의 붕괴와 중국 시장경제로의 전환이다. 이 두 나라는 사회주의 계획경제 이후 50년이 지나면서 자본주의와 격차가 가속해서 벌어지는 것을 깨닫고 개혁과 개방으로 선회하여 콘드라티예프 이론이 타당함을 입증한다.

이에 대해 그건 사회주의 몰락이지 자본주의 장기 불황을 설명하는 데는 맞지 않는다고 반론을 제기할 수 있을 것이다. 그래서 장기 불황설에 맞는 나라와 그렇지 않은 나라 두 사례를 나눠서 예시한다.

맞는 사례는 일본이다. 종전 후 일본은 제조업을 중심으로 품질을 중시하는 경제 시스템으로 1980년대에 세계시장을 휩쓰는 정점에 오른다. 그리고 1990년대로 접어들면서 급격히 쇠락하기 시작해 20년 이상의 불황으로 이어지고 있다. 지금은 많이 나아졌지만 긴 불황의 터널을 완전히 벗어났다고 보긴 어렵다. 반면 맞지 않은 사례가 바로 미국이다. 미국은 제조업·서비스업·금융업 등 끊임없는 변신으로 이 함정에 빠지지 않아 100년 이상 세계 최강국으로서 위치를 유지하고 있다.

이 점에 착안하여 경영학의 아버지라 일컬어지는 드러커Peter Drucker(1909~2005) 교수는 관리적 경제managerial economy와 기업가적 경제entrepreneurial economy라는 개념을 생각하게 된다.[2]

관리적 경제는 기존의 제품과 서비스의 원가를 더 낮게, 품질은 더 높게 하는, 즉 기존의 사업을 좀 더 잘해서 부가 가치를 창출하는 것을 말한다. 반면 기업가적 경제는 기존에 존재하지 않은 새로운 형태의 제품이나 서비스를 개발함으로써 부가가치를 창출하는 것을 말한다. 결국 그가 말하는 것은 기업가적 경제의 핵심이 '혁신'이라는 것이다. 그가 말하는 혁신은 기술혁신이 아닌 경영·사회제도·제품 등 다면적인 의미가 있는 시스템적 혁신systemic innovation이다. 간단히 말해 미국 경제는 시스템 혁신 때문에 50년 불황 함정에 빠지지 않는다는 것이다.

### 대한민국 경제 진단

군부가 혁명으로 정권을 잡고서 본격적으로 시작한 한국 경제발전 프로그램은 명확하다. 유일한 자원인 노동자원을 생산성이 낮은 농업과 농촌에서 제조업과 도시로 이동시키는 것이었다. 이는 시장이 주도한 것이 아니라 정부 주도로 이루어졌다. 따라서 정부 주도로 국가자원을 생산성이나 수익성이 높은 곳으로 이동시키는 국가자본주의라는 독특한 발전 모델로 여기까지 온 것이다. 초기엔 임가공중심의 노임 따먹기가 주류였지만 점차 중공업·자동차·반도체 등으로 자원을 이동시켜 세계 경제 역사상 단기간에 최고의 성장을 구가하여 생산적인 발전 모델로 후발 개도국의 모범으로 칭송받았다.

이 정부 주도의 자원이동 발전 모델의 정점은 1986~88년의 3년이었다. 그 이후 이 모델의 생산성이 점점 떨어져 지금은 2~3%라는 지경까지 이르게 된 것이다. 한마디로 한국 경제의 발전 모델은 정확히 콘드라티에프의 장기 불황설에 맞아 떨어진다는 것이다. 발전 모델의 약발이 떨어지는 이유는 환경 변화 때문인데 기술 환경·경쟁 환경·인구통계 환경·사회적 환경 등이 50년 동안 완전히 바뀔 수 있다. 환경이 바뀌었는데도 옛날 방식을 고수하다 망한 사례는 무수히 많다. 크게 보면 공룡의 멸종이다. 큰 덩치가 변화된 자연 여건에 적응하지 못해 사라진 것으로 진화론에서 얘기한다. 예로 들기 좀 뭐하지만 바퀴벌레는 공룡보다 먼저 지구상에 나타나 지금도 살고 있다.

그래서 어찌해야 할까? 질문에 대한 답을 4차 산업혁명의 개념설계에서 찾으려 한다. 먼저 4차 산업혁명에 대한 기존 논의를 살펴보고 새로운 개념설계를 제안한다.

### 4차 산업혁명에 대한 기존 시각

4차 산업혁명에 대한 기존 논의를 살펴보려 여러 책을 참조하였지만 그래도 개인보다는 국책 연구 기관인 KDI가

1년 동안 연구한 보고서인 「지금은 4차 산업혁명의 시대」가 비교적 잘 정리돼 있어 이를 중심으로 기존의 4차 산업혁명에 대한 개념설계를 알아보고 비판한다.[3] 책의 내용을 요약한다. 먼저 핵심 기술을 정리하고 있는데 인공지능과 로봇·빅 데이터와 사물 인터넷·블록체인·무인 이동체·3D프린터 등을 4차 산업혁명의 핵심 기술로 보고 있다. 덧붙여 구글이나 페이스북과 같은 플랫폼도 포함시켜 다른 견해보다 포괄적이다. 다음으로 중요하게 말하는 것이 일자리·평생 학습·인재 등의 개인 생활에 대한 4차 산업혁명의 영향이고 끝으로 정책 제언을 하는 것으로 마무리되어 있다.

KDI 연구 보고서에 참여한 연구자는 학계·연구계·실무계를 망라한 고수급이라 4차 산업혁명에 대한 우리 사회의 기존 시각이라 해도 무방하다. 하지만 이는 비판의 여지가 있다.

### 오염된 이성으로 본다

한마디로 '이성' 중심의 시각이다. 경제학이 합리성을 추구하는 학문이라 이성 중심으로 개념설계를 할 수밖에 없음을 받아들이지만 기존의 이성이 오염된 이성임을 간과하고 있다. 기존의 이성은 50년 동안 국가 주도로 성장해온 노하우가 쌓여 만들어진 이성임을 간과하고 있다. 중간에 민주화와 지방화로 약간씩 수정되긴 했지만 한국 경제의 이성은 과거 의존적이고 누적적이라 문제가 있다. 한마디로 50년 국가 주도 발전 모델이 만들어 놓은 이성이다. 그래서 오염되었다고 한 것이다.

끊임없는 반성과 성찰 그리고 토론이 없는 이성은 독선이고 자기 밥벌이를 위한 도구에 불과하다. 반성 없이 쌓아놓은 이성은 합리적 기득권이다. 경제정책·사회정책·인구정책을 펴온 관료·경제학자·정치가 등이 한 치의 반성도 없이 50년을 버텨왔고 지금도 그 연장에서 4차 산업혁명을 말하고 있다. 기존의 틀에 걸터앉아 국민을 겁박하는 꼴이다. 4차 산업혁명으로 기술 변화가 급격히 일어날 것이니, 국민 여러분 불안하지! 그러니 더 열심히 하고 우리가 시키는 대로 따라오라고 매스컴을 통해 연일 홍보하는 모습으로 보인다. 그래서 나아지는가? 점점 악화되고 있다. 이건 좌파·우파 정권의 문제가 아니다. 반성과 성찰 없는 몰염치의 이성이 국민을 겁박하는 수단으로 4차 산업혁명을 활용하고 있음이다. 그래서 반성과 성찰이 필요하다.

### 반성과 성찰하기

반성과 성찰을 '의문하기'라 한다. 의문하기의 중요성을 처음으로 말한 이는 소크라테스Socrates(BC 470~BC 399)다. 그는 "너 자신을 알라"는 말로 소피스트들을 질타하는데, 소피스트들이 진리에 접근하려 하지 않고 말장난만 하고 있다고 보아 이들을 훈계하기 위해 타인의 처지에서 내가 알고 있는 것을 의심해보라고 말한 것이다.

흔히 '겸손하라'는 뜻으로 이해하는 사람들도 있는데 자신이 알고 있는 것을 지나치게 확신하지 말라는 의미로 해석하면 그럴 수도 있을 것이다. 내가 믿고 따르는 성공의 방식, 내가 경험한 것이 진정 진리인지 의심해보라는 의미로 우리는 받아들여야 할 것이다.

'의문하기'는 내가 닫고 있는 문을 여는 데서 시작한다. 의문하기를 제대로 하려면 먼저 어떤 문이 닫혀 있는지를 알고 그런 연후에 문을 열려고 노력해야 한다. 편견과 선입견·이데올로기·패러다임 세 가지 문이 우리의 인식을 가둔다.[4] 우리 사회 기득권자는 이 세 가지로 문을 닫고 굳건히 지키고 있다. 한마디로 국가 주도의 경제발전 모형이 좌파와 우파를 막론하고 이데올로기·편견과 선입견·패러다임이 되어 이성의 문을 닫고 있다고 본다. 부정하기 어려운 현실은 국가(청와대·국회·정부·언론 등등) 주도의 발전 모형이 우리의 상식이 돼 버린 것이다. 현대사회의 상식이 바로 이데올로기이기 때문이다. 이데올로기 함정에서 벗어나지 않으면 아무리 열심히 아이디어를 내 본들 그게 그거다.

그렇다면 어찌해야 할까? 다른 시각으로 보아야 한다.

## 분노의 감정으로 오염된 이성 넘어서기

오염된 이성을 넘어서는 사유가 필요한데 그 중심이 '감정'이다. 파스칼은 말한다. 이성은 감정의 지배를 받는다고. 그래서 이런 에피소드가 있다. 어느 날 철학자가 당나귀를 타고 외출을 하니 이웃집 젊은이가 선생님 어디 가십니까? 하고 물었다. 철학자 왈 "나는 모른다. 이 당나귀에게 물어보아라." 철학자가 이성이고 그가 타고 있는 당나귀가 인간의 감정이라는 것이다. 이성과 감정은 한 몸이지만 근본은 감정이고 이성은 감정에 좌우될 수 있음을 말하고 있다. 니체 또한 유사한 말을 한다. 『반시대적 고찰』에서 우리가 가진 지성은 만들어진 것임을 비판하고 고통을 느끼는 힘·음악·삶의 숨결로 눈을 돌릴 때 진정한 시대성을 찾을 수 있다고 한다.[5]

덧붙여 어딜 가든 혁명을 말한다. 혁신과 혁명은 무엇이 다를까? 혁신이 이성이라면 혁명은 감정이다. 혁명은 '분노anger'라는 감정에서 시작한다. 분노하지 않으면 바꾸지도 못한다. 그래서 분노하는 감정으로 4차 산업혁명을 포용하기를 제안한다.

분노를 제대로 이해해보자. 이렇게 어렵게 열심히 살아왔는데 여기서 20년 장기 불황에 빠지다니 그건 안 돼!라고 외치는 한탄과 절규를 분노로 오해하지 말아야 한다.[6] 분노는 숭고한 감정이다.

### 분노하기

피하기 어려운 도전, 인간으로서 어쩔 수 없는 운명, 수치심을 느끼게 하는 부조리 앞에서 인간이 취하는 두 가지 자세가 있는데 하나는 분노이고 다른 하나는 도피다. 우리 젊은이들 사이에 유행하는 힐링·소확행·3포 등은 바로 도피적 감정이다. 내가 어찌할 수 없는 구조적 모순을 깨뜨리려고 하는 게 아니라 그냥 이 생을 즐기다 가자. 다음 생을 기약하자는 마음 다스림이 바로 힐링이고 3포다.

이건 분노가 아니다. 분노하지 않으면 새로운 방향으로 나아갈 수가 없다. 분노를 이해하기 위해 한국의 역사를 되짚어보자. 2,000년의 역사를 유지해온 밑바탕에 사대와 내부 분열만 있었을까? 외적의 침입에 분연히 일어선 민초들의 분노가 있었기에 이 나라는 유지된 것이다. 2,000년 역사에서 경제적으로 가장 잘 산다고 하는 지금에 와서 왜 분노하지 않을까?

계산에 밝다. 분노까지도 계산해서 한다는 것이다. 즉 합리성이란 이성이 감정을 통제하는 사회가 된 것이다. 매사에 계산하고 행복까지도 계산한다. "측정하지 못하면 관리하지 못한다"는 경영학적 아포리즘이 우리 감정까지 관리하는 것이다. 계산하는 분노는 이성이지 감정이 아니다. 진정한 분노는 수치심에서 나온다.[7] 비루하게 사는 게 부끄러워야 하는데 그게 인생이라고 힐링하니 수치심을 느낄 겨를이 없다. 힐링 후에 이어지는 멘트다. "그건 내 탓이 아니라 사회가 잘못 하여 그렇게 되었으니 대통령을 잘 뽑아야지!" 하는 외적 귀인은 분노가 아니다. 분노는 강한 자긍심이 있는 사람만이 갖는 최고의 감정이다. 자긍심의 대표적인 표현이 석가모니가 5년 수행 끝에 깨친 한마디인 천상천하 유아독존天上天下唯我獨尊이다. 사람의 존귀함을 말하고 있다. 타자를 포함한 나의 존귀함이 바로 자긍심의 기본이다.

수치심과 자긍심에 뿌리를 두고 있는 분노가 진정한 분노다.[8]

## 4차 산업혁명 달리 보기

분노하지 않는 사람은 4차 산업혁명에 대한 새로운 개념을 설계할 수 없다. 과거의 연장에서 국민을 겁박하는 정도의 개념설계만 가능하다. 국가 주도 경제모델을 종식하고 새로운 모델을 만들어야 한다. 새로운 모델이 무엇인지 물으면 말할 수는 있다. 하지만 각자 사유하기 바란다. 이 책에서 어떻게 해야 한다고 하면 그게 사유의 감옥이 되어 새로운 개념을 설계하려 하지 않는다. 어느 사이에 우리는 생각의 노예가 되었다. 미국이나 유럽의 일개 학자가 한 얘기를 신봉하고 이를 우리 사회의 담론으로 쉽게 치환해버리는 순진함을 너무나 많이 범하고 있기 때문이다. 그래도 굳이 묻는다면 국가 주도 경제발전이란 정형화된 모형은 이젠 무용하다는 것이다. 그렇다고 자유방임은 아니다. 대신 중심이 되는 관념은 있다.

케인스는 말한다. 기득권보다 무서운 것이 관념idea이다.[9] 새로운 관념을 사용하면 지금까지 보지 못한 부분을 볼 수 있고 기존의 사고도 바뀔 수 있다고 한다.

어떤 모델이 우리에게 적합하고 다시 도약을 가져올지는 말하지 않지만, 미래를 담아내는 관념은 말할 수 있다.

첫째, 성장이나 발전에 목을 매지 말자. 그렇다고 성장과 발전을 없애자는 말은 아니고 수치화된 성장률이나 발전 지수에 목을 매지 말자는 것이다. 한 나라 경제를 운영하는 처지에서 수치화된 지표를 내세우는 것은 어쩔 수 없을 것이다. 달성하지 못하거나 그 성장률이 감소하더라도 안달하지 말자는 것이다. 대신 성장성이나 발전성을 추천한다. 이 생각에는 비성장이나 비발전도 진정한 발전이 될 수 있음을 열어두고 있다.

둘째, 소득과 소득 격차의 함정에서 벗어나자. 1인당 GNP가 얼마인지를 말하는 절대 소득이 쟁점이 되던 시대가 있다가 어느 사이에 소득 격차가 사회적 담론이 되면서 금수저·은수저·소득 주도 경제 등의 관념이 양산되고 있다. 소득 격차가 소득보다 더 중심을 차지하는 것은 좋지 않다. 대신 소득성을 말하고 싶다. 소득성은 절대 소득이나 상대 소득이 아니라 소득의 지속성을 말한다. 소득의 지속성은 일에서 나온다. 일할 기회가 있는지 없는지가 소득성이다.

셋째, 산업정책에서 벗어나자. 기존의 산업정책은 산업 단위에 치중하여 사양산업보다 성장산업으로 자원을 이동시키는 정책을 편다. 그건 아니다. 산업끼리의 혼종hybrid이 길이다. 제조업과 정보통신 산업 간의 혼종을 비롯하여 기존 산업에 ICT의 차용은 피할 수 없는 산업정책이다. 여기서 한 가지 유념해야 할 것은 혼종이라 하니 꼭 새로운 종으로 생각하는데 그건 아니고 연결성을 말한다. 사물 인터넷으로 연결망을 구축한 것도 혼종이고 인공지능을 갖춘 것도 혼종의 하나다.

넷째, 공교육에서 큐레이션을 제안한다. 정부가 교육을 주도하는 것은 국가 주도 경제 시대엔 맞는 교육이었다. 지금은 구글이나 네이버, 유튜브가 더 나은 지식이나 정보를 제공하고 있다. 공교육이 점점 경쟁력이 떨어지고 있는데 앞으로 더할 것이다. 대학 입학 자격을 틀어쥐고 있어서 그나마 공교육이 존재하지 사실은 사교육이 더 낫다. 이유는 맞춤customization 교육이기 때문이다. 맞춤 교육을 해서 사교육이 어느 시대에나 승승장구하는 것이다. 사교육의 핵심 키워드는 큐레이션이다. 학습자의 개인 여건이나 수준에 맞게 최적의 솔루션을 제공하는 것이 바로 큐레이션이다. 큐레이션은 작가와 관람자를 연결하는 전문 서비스로 미술에서 시작된 개념이다. 하지만 빅 데이터 시대가 되면서 교육의 핵심 개념으로 떠오르고 있어 영화·음악 등에 다양하게 이미 쓰이고 있다.

끝으로 4차 산업혁명을 통과의례로 활용하자. 지금까지 우리는 국가 주도 경제발전이란 정형화된 모형을 앞세우고 함께 노력하여 이를 달성해왔지만, 이 모형의 약발이 점점 떨어지고 있음을 지적했다. 미래에는 정형화된 모형보다는 비정형화된 모형이 진정한 발전 모형인 시대가 올 것이다. 이런 시대가 도래하려면 그에 합당한 통과의례boundary ritual가 필요한데 그게 바로 4차 산업혁명이다. 4차 산업혁명을 신화로 활용하여 새로운 발전 모형을 환영해보자. 통과의례는 기존 범주에서 다른 범주로 옮겨갈 때 발생하는 어려움을 줄여주는 데 필요한 시간·의례·신화·문화 등을 말한다.[9] 예를 들어 결혼식을 하고 장례식을 치르고 자연과 신 앞에 제사를 올리는 의식이 바로 통과의례다.

### 요약

제10장은 다른 장과 다르게 '새로 보기'가 아니라 '달리 보기'로 접근한다. 4차 산업혁명은 미래라 기존 사고가 없기 때문이다. 오염된 이성 중심의 시각이 지배적이라 이를 비판하고 분노하는 감정을 중심으로 논리를 전개한다. 감정중심으로 보게 된 이유는 분노가 우리 사회를 2,000년 넘게 지켜온 기개이기 때문이다. 그런 분노를 잊어버리면 이 어려움을 헤쳐갈 수 없다. 분노하고 새로운 세상을 열어가는 계기로 삼자는 것이 새로운 4차 산업혁명 개념설계다.

# 제11장 복지정책 새로 보기

## 복지에 대하여

저출산과 급속한 고령화로 복지정책이 주목을 받고 있다. 복지welfare는 잘·좋음이란 의미가 있는 'wel'과 요금·승객이란 의미가 있는 'fare'로 구성되어 있어 좋은 요금과 좋은 승객이란 두 면을 가진다. 세금을 잘 내야 하고 승객으로 잘 대접받아야 하는, 권리와 의무를 함축하는 용어다. 하지만 영어와 달리 복지福祉란 한자어는 '하늘이 준 행복'이란 의미가 있어 의무는 없고 권리만 부각해 복지는 그냥 나라에서 주는 것으로 잘못 이해하는 사람들이 많다.

내 것과 받는 것이 같지 않아도 징세를 수반하지 않는 복지는 없다. 저출산으로 세금 낼 인구는 줄어드는데 고령화로 받을 인구는 늘어나니 자연히 복지정책이 도마 위에 오를 수밖에 없다. 아직은 견딜만하지만, 조만간 생산 인구가 노령 인구를 감당하지 못하는 시점이 도래할 경우 복지정책을 손보지 않으면 나라의 장래가 위태로워질 것이다.

그래서 나오는 대책은 연금수혜를 줄이고 생산 인구를 늘리는 출산 장려책을 마련하는 것으로 정리된다. 다양한 대책을 접하면서 복지정책을 달리 볼 수는 없는지를 생각하게 되었다. 새로운 복지정책을 논의하기에 앞서 기존 정책을 간단히 정리한다.

### 기존의 복지정책

소득 복지·시간 복지·안전 복지·의료 복지·일자리 복지·아동 복지·노인 복지·장애자 복지·여성 복지 심지어 동물 복지까지 거론되고 있어 아마도 동시대에 가장 많이 듣는 개념일 것이다. 이처럼 다양한 복지의 기본은 한마디로 요약하면 국민의 삶의 질 향상에 있다. 따라서 복지정책은 국가가 국민의 삶의 질인 행복을 지원하는 서비스라 할 수 있다. 이러한 복지정책에 대한 기존의 논의를 정리하면 대략 다음과 같다.

먼저 왜 국가가 국민의 행복을 보장해야 하는가? 각자 알아서 해야지 하는 자유주의적·보수적 관점에서 비판이 가해지고 있으며 이에 대해 국가가 마땅히 책임져야 한다는 집단주의적·진보적인 관점이 있다. 미국은 전자를 따르고 북유럽의 소국들은 후자를 따르고 있어 어느 관점이 더 좋다고 단정하기는 어렵다. 1인당 소득수준 3만 달러에 인구 5천만이 되는 애매한 위치에 있는 우리로선 어느 쪽으로 기수를 돌리자고 선뜻 말하기가 쉽지 않다. 그러다 보니 거의 모든 정권이 복지를 늘리는 선심 정책으로 정권을 잡으려는 유혹에 쉽게 빠지는 문제점을 노출하고 있다.

다음으로 복지에서 유토피아 이데올로기가 사라지고 있다. 과거 우리는 소득이 증가하고 3만 달러 정도면 행복한 세상이 도래할 것으로 세뇌되었다. 또 한쪽에선 자본가를 몰아내고 무산자가 주인인 공산주의 사회가 되면 무릉도원이 될 것으로 선동하는 일도 있었다. 어느 진영이든 정책자가 내세우는 것은 이른바 유토피아다. 공산주의는 붕괴하였고 소득은 증가해도 행복의 파랑새는 찾아들지 않음을 눈치챈 사람들은 유토피아 환상에서 벗어나 작지만 '확실한 행복'이란 현재 중심적·자기중심적 삶에 주목하고 있다. 이른바 소확행인데 이것이 유토피아 이데올로기를 대신할 수 있는지는 더 논의해야 되겠지만 분명한 사실은 사회가 나의 행복을 보장해줄 것이란 애드벌룬 효과는 점차 사라지고 있음이다.

이어서 세대 간 책임분담론이다. 다음 세대에 부담감을 줄여주기 위해 앞선 세대가 복지를 덜 받아야 함을 말한다. 그래서 연금을 줄이거나 수혜 시기를 늦추거나 모든 연금을 통합해 동등하게 받게 하자는 등의 아이디어가 나오는 것이다. 핵심은 받는 것을 줄이자는 것이다. 이 주장 또한 얼핏 들으면 가슴 찡한 정책 같지만, 다음 세대를 걱정해야 할 처지가 못 되는 사람에겐 공염불에 불과하다. 부모님 봉양과 자식 교육에 모든 것을 털어 넣은 세대에겐 분담하자는 것 사체가 또 다른 스트레스로 다가올 수 있다. 분담을 앞세워 복지를 줄이는 것도 문제가 있다.

끝으로 소득 증대를 통한 복지다. 최저임금이나 시급을 올리는 정책이 바로 이것인데 일자리가 줄어드는 문제를 일으키고 있다.[1] 어차피 경쟁력이 없는 일자리이니 없어져도 무방하다는 목소리가 있지만 여기저기 1층 가게가 비어가는 것은 엄연한 현실이다. 이것이 임대료 하락으로 이어져 최저 시급을 지급하고서도 생존할 수 있는 업종이나 업체에는 기회가 될 수 있음을 말하는 이도 있다. 따라서 최저임금과 일자리의 갈등 또한 쉽게 판단하여 풀 수 있는 것이 아니다.

네 가지 정도로 기존 복지정책에 대한 논의를 살펴보았지만, 기존 시각으로는 도저히 신통한 복지정책의 아이디어를 낼 수가 없어 새로운 발상을 해본다. 복지정책에 정신 복지를 도입하는 것이다. 우선 정신 복지부터 알아본다.

## 정신 복지 이해하기

기존의 복지정책은 생존을 유지하는 데 필요한 소득에 초점이 맞춰져 있음을 눈치챌 것이다. 일종의 생존적 복지로 이를 생활 복지life welfare라 한다. 태어나서 죽을 때까지 일생의 생활 문제를 정부가 나서서 해결해주는 데 초점이 맞춰져 있다. 또 다른 복지는 없을까?

행복을 논의하는 두 가지 접근이 있는데 하나는 헤도니아적hedonia 접근이고 다른 하나는 유데모니아적eudemonia 접근이다. 전자는 쾌락적 행복을 후자는 정신적 행복감을 말한다. 쾌락적 행복은 물질적·신체적 만족을 말하고 정신적 행복감은 정신의 풍요로움을 말한다. 부탄이 소득으로는 세계 최빈국에 속하지만, 국민 행복 지수에서 세계 최고라고 하는데, 이유는 소득은 헤도니아적 행복은 높일 수 있으나 유데모니아적 행복감은 정신적 요인에 의해 좌우되기 때문이다.

행복에 대한 두 접근을 복지에 적용하면 복지는 생존적

복지인 생활 복지와 정신적 풍요로움을 추구하는 정신 복지 spirit welfare로 나눌 수 있다. 이렇게 말하면 정신 복지가 힐링 healing과 뭐가 다른지 반문할 것이다. 힐링은 개인의 스트레스를 줄이는 감성적 용어지만 정신 복지는 스트레스를 극복하여 그것 위에 꽃을 피우게 하는, 즉 고통을 수반하면서 정신적 자유로움을 추구하는 이성적이고 능동적인 용어다. 감성적이고 수동적인 것이 아니라는 것이다.

이것은 대의를 위해 소의를 접는 것일 수 있고, 아무리 개인적인 이익이 있더라도 법질서를 지키는 정직함도 포함될 수 있으며 남들이 가지 않은 길이라도 위험을 무릅쓰고 새길을 내어가는 것도 포함될 수 있다. 전직 대통령이 줄줄이 법의 심판을 받고, 공무원이 되려고 노량진에서 젊음을 소모하는 이들을 보면서 우리 사회가 정신의 소중함을 점점 잃어가고 있음을 직감한다. 정신이 쇠퇴하면 그 허기를 메우려 물질에 더 매달릴 수밖에 없는데 우리의 모습이 이런 모습은 아닐까?

생활 복지는 다음 세대에 커다란 부채가 될 수 있지만, 정신 복지는 다음 세대의 자산이 될 수 있어 새로운 복지 개념으로 생각한 것이다. 구체적 방안을 소개하기 전에 백범 김구(1876~1949) 선생의 소원을 경청하자.[2]

나는 우리나라가 세계에서 가장 아름다운 나라가 되기를 원한다. 가장 부강한 나라가 되기를 원하는 것은 아니다. 내가 남의 침략에 가슴 아팠으니 내 나라가 남을 침략하는 것을 원치 아니한다. 우리의 부력富力은 우리의 생활을 풍족히 할 만하고, 우리의 강력強力은 남의 침략을 막을 만하면 충분하다. 오직 한없이 가지고 싶은 것은 문화의 힘이다. 문화의 힘은 우리 자신을 행복하게 하고 나아가 남에게 행복을 주기 때문이다.

## 윤리관의 확립이 정신 복지다

전직 대통령이 줄줄이 감옥에 들어가고 청문회에 나선 장관 후보자들이 위장 전입을 다반사로 하는 기사를 보면서 정신 복지를 의심하게 된다. 모두가 도둑이란 생각을 국민은 할 것이고 이로 인해 갑질이나 부도덕한 행위를 하면서도 어느 누가 양심의 가책을 받을까?

개발 연대에 윤리를 이데올로기로 활용하여 윤리가 오염된 것이 사실이지만 지금 우리에게 필요한 정신 복지는 바로 윤리 의식의 회복이다. 법이 무서워 모니터가 무서워 비윤리적 행위를 하지 않는 것도 인정한다. 하지만 더 좋은 것은 스스로 자신의 주인이 되어 행위를 규율하는 것이다. 그렇게 하다 보면 자기 존중감이 생기고 설혹 물질적 풍요가 없더라도 비루하지 않게 된다.

어떻게 하면 스스로 주인이 되는가? 답은 없지만, 윤리관을 이해하고 있으면 덜 비루해질 수 있다. 윤리관을 이해하는 시간을 가진다.

### 윤리 효용론 알기

우리가 가장 흔하게 듣고 있는 윤리관인데 하버드대학의 샌델 교수가 『정의란 무엇인가』라는 책에 소개한 윤리관이다.[3]

이런 예가 나온다. 허리케인으로 엄청난 피해가 난 지역에서 장사꾼들이 폭리를 취한 것에 대한 논쟁이 있고 아프가니스탄에서 탈레반과 싸우면서 생긴 사건 얘기도 있으며 비탈길을 내려오다 브레이크가 고장 난 트럭 얘기도 나온다. 이런 다양한 예를 들어 그가 말하고자 하는 것이 윤리관인데 그의 윤리관은 윤리 효용론utilitarian ethical theory이라 한다.

최대 다수의 최대 행복을 윤리라고 보는 견해다. 이러한 윤리관은 행위의 결과를 미리 알 수 있을 때 가능하며 대안을 선택하는 상황에서 적합한 윤리관이다. 윤리 효용론은 행위 효용론act utilitarianism과 규칙 효용론rule utilitarianism으로 나누어진다. 행위 효용론은 개인의 기분이나 법은 고려하지 않고 최대 다수에게 최대 효용이 있으면 윤리적이라고 보는 견해로 윤리 효용론의 핵심에 더 가깝다. 반면 규칙 효용론은 법이 허용하는 공정한 대안 중에서 최대 효용이 있으면 윤리적이라고 보는 견해다.

두 견해 모두가 갖는 약점은 미래의 효용을 계산할 수 있다는 가정이다. 효용을 계산할 때 무엇을 효용으로 보는지가 문제다. 보이는 효용은 그나마 쉽게 계산할 수 있겠지만 보이지 않는 효용을 계산하는 문제는 매우 어렵다.

두 번째 약점은 대안을 비교하여 효용이 더 큰 것을 선택하는 경우 대안을 무엇으로 볼 것인지가 문제다. 대개의 사람은 자신의 경험으로 대안을 생각하고 미래 효용을 산정하기 마련이라 객관성이 부족할 수 있다. 그 결과 본인은 매우 윤리적인 의사 결정을 했지만, 후세대는 그렇지 않다고 평가하는 일이 많다. 빈민가의 아동들을 고용하여 최소한 굶지 않게 일자리를 제공하려 한 의도가 공정 무역에서 아동노동 착취로 비판받는 것이 대표적인 사례다.

### 다른 윤리관 알기

윤리 효용론이 갖는 단점 때문에 다른 윤리관도 주목을 받는데 간단히 소개한다.

첫 번째로 윤리 의무론deontological theory이다. 빅토르 위고

(1802~1885)의 『레미제라블』에 나오는 자베르 경감의 윤리관이 바로 이것이다. 그는 경찰로서 자신의 임무를 충실히 따르는 것이 윤리라 생각하여 선행하는 장발장을 추적하여 괴롭히는 악역으로 독자들은 기억할 것이다.

자베르가 보여주는 윤리관의 절정은 장발장임을 알고서도 체포하지 않고 자살을 택하는 비장함이다. 이처럼 윤리 의무론은 비극적 고통을 수반할 수 있다. 이는 시민으로서 내가 참여하여 만든 법은 지켜져야 하므로 제자들의 피신 권유도 마다하고 독배를 든 소크라테스의 윤리관이기도 하다.

두 번째로 윤리 상대주의론moral relativists이다. 소설 『레미제라블』에서 빅토르 위고는 장발장을 통해 윤리 상대주의를 옹호하고 있다. 굶주려 우는 조카를 보다 못해 빵 한 조각을 훔친 죄로 종신형을 선고받자 탈옥하여 이름을 바꾸고 선행을 하며 시장에까지 당선되는 장발장 행적을 통해 작가는 윤리 상대주의를 말하고 있다. 이는 시간·장소·개인·집단에 따라 윤리가 다를 수 있다고 보는 견해다. 절대적인 윤리관인 윤리 의무론에 대비하여 윤리 상대주의로 이름이 붙여졌다. 상대주의론의 맹점은 독재자, 심지어 히틀러와 그 부역자까지도 자신의 행위를 합리화하는 수단으로 활용될 여지가 있다는 것이다. 그땐 누구나 위장전입을 했다고 장관 후보자는 말하지만, 위장전입 한 번도 하지 않은 사람에겐 큰

모욕이다. 왜 청문회에서 윤리관은 따져 묻지 않는지 모를 일이다. 모두 목소리만 크다. 올곧은 말은 작아도 잘 들린다.

세 번째로 윤리 미덕론virtue ethics이다. 그리스 철학자 플라톤과 아리스토텔레스는 윤리적 딜레마를 판단할 수 있는 것은 미덕이고 미덕은 교육을 통해 학습할 수 있다고 한다. 미덕virtue은 "좋은 것에 가치를 두는 인성character trait"이라고 정의한다. 특히 아리스토텔레스는 미덕을 교육의 핵심으로 여겼으며 그는 알렉산드로스 대왕의 유년기 스승이기도 했다. 괴테는 "덧없는 세상사에서 결국 고귀한 것은 한 인간의 인격이다"고 하여 윤리 미덕론을 옹호한다. 한마디로 도덕 중심의 윤리관이다.

네 번째로 윤리 사례론casuist ethical theory이다. 이는 불문헌법 국가에서 재판에 원용하는 방식인데 기존의 유사한 사례를 찾아 현재의 윤리 딜레마를 해결하는 윤리관이다. 성문헌법 국가에서 재판에서 판례를 참고하기 때문에 실무적으로 잘 쓰이는 윤리관이다. 이 윤리관의 단점은 유사한 사례가 없을 수 있고 설혹 있더라도 그 결과는 시대나 공간에 따라 다를 수 있다는 점이다. 현재의 눈으로 과거를 재단하는 역윤리 사례론이 있을 수 있는데, 이는 매우 위험할 수 있다.

이상 소개한 윤리관이 소중한 이유는 이것을 알고 있으면 적어도 비윤리적 행위를 덜 하게 된다는 것이다. 더구나 알고서 행하면 처벌을 받더라도 사회를 원망하지 않는다. 모르고 처벌받으면 왜 나만? 모두가 도둑인데! 하는 억지를 부리게 된다. 또한 모두가 윤리를 모르고 사는 게 아닐 텐데 내가 모르면 타인도 모른다고 생각한다. 내가 알면 타인도 알 것으로 생각하여 신중하게 행동한다.

### 일이 정신 복지다

일이 바로 정신을 맑게 하고 일할 수 있음이 행복이라는 것이다. '일이 정신 복지다'라는 주장이 설득력이 있으려면 인식 변화와 지원책이 필요하다. 먼저 '일'에 대한 인식을 바꾸어야 한다.[4]

마르크스가 일자리를 노동자에 대한 자본가의 착취로 해석한 이후 일은 어느 사이에 노동으로 변했다. 물론 노동은 고용된 일, 대가를 받고 제공하는 육체적·정신적 공헌으로 정의되지만 노동하면 더 쉽게 떠오르는 것이 노동의 부정성이다. 노동 이전에 일은 존재했고 고용되지 않은 자발적 일도 소중하기 때문에 일을 노동의 굴레에서 벗어나게 하는 것이 바로 인식의 바꿈이다.

어떻게 하면 인식을 바꿀 수 있을까? 일과 일할 기회가 행복이라 생각해야 한다. 일하지 않고도 불편을 느끼지 않는 사람은 환자이거나 몸이 불편한 사람이다. 건강한 사람은 몸을 움직여 일할 때 행복하다. 20년 전 암으로 죽음을 목전에 두신 어머니께 이런 질문을 한 적이 있다. 어머니, 언제가 가장 행복했습니까? 조금 후 돌아온 대답, "건강하게 논밭에서 일할 때가 가장 행복하더라." 평생을 고된 농사일로 살아오신 분이라 의외의 대답이었다. 일이란 이런 것이다. 행복의 원천이지 착취가 아니다.

다음은 일과 일자리로의 유인책이다. 일하고 싶어도 좋은 일자리가 없다고 아우성이다. 특히 젊은이들이 선호하는 공무원·대기업·공기업·문화예술계의 일자리가 적다고 한다. 문제는 중소기업에 일자리가 충분히 있는 데도 좋은 일자리로 생각하지 않는 것이다. 일자리 복지를 정착시키는 데는 생각을 바꾸는 것 못지않게 유인책을 쓰는 것이 효율적이다. 유인책으로 중소기업이 좋은 일자리가 될 수 있도록 만들면 되고, 두 가지 아이디어를 제시한다.

첫 번째 방안은 중소기업에서 5년 이상 근무할 학생을 대상으로 대학의 국가 장학금을 전액 지급하는 것이다. 대기업에 갈 학생은 대기업으로부터 장학금을 받든지 자비로 다니면 될 것이다. 가정 형편이 어려운 사람은 늘 중소기업에만 가라는 것이냐? 하고 반문할 것이다. 인재가 들어가면 중소기업도 중견이 되고 대기업이 된다. 인재가 들어가지 않는 중소기업은 성장의 한계가 뚜렷하다. 인재가 가서 대기업으로 키우면 오늘의 중소기업이 내일의 대기업이 된다.

두 번째 방안은 젊은이들이 선호하는 공무원 시험에 중소기업 근무 경력을 가산점으로 주는 것이다. 군 가산점이 문제가 되었지만, 이는 남자에 한정되었기 때문이고 중소기업 근무 5년 이상은 남녀가 구분되지 않아 크게 문제가 될 것이 없다. 현장 경험은 공직 수행이나 중소기업 모두에 도움이 된다.

이런 제안에 대해 장학금 받고 가지 않으면 어떻게 하지, 가짜로 친인척 회사에 근무했다는 증명을 하면? 등등 부작용부터 지적할 것이다. 중소기업에 가지 않는 학생이 졸업한 학교에는 국고 지원을 그만큼 줄이고 장학금을 줄이면 되고 가짜 증명을 해준 기업은 세무조사 등 강한 제재를 가하면 된다.

### 공부가 정신 복지다

평생을 두고 배우고 익히는 것이 공부工夫다. 그래서 평생학습, 평생교육 등이 복지정책의 하나로 등장하고 있다. 시험 보지 않고 큰돈 들지 않으면 배우는 게 행복의 근원임을 대부분 느낄 것이다. 이유는 배우고 알고 나면 새로운 세상이 열리기 때문이다. 모르면 보이지 않던 세상이 기술이나 지식을 알고 나면 새로 드러나 우리의 머리를 두드리고 또 다른 세상을 만들어내게 하는 힘을 가진다. 공자께서도 공부가 즐거움이라고 말씀하셨다.

공부가 진정으로 즐거워지려면 그 나라의 지식풍토가 비옥해야 한다. 그렇지 않으면 외국 지식의 수입이나 과거 지식에 매달릴 수밖에 없어 생산적인 공부가 되지 못한다. 공부를 정신 복지 프로그램으로 살리는 몇 가지 아이디어를 제시한다.

첫 번째가 도서관의 확충이다. 특히 양서를 도서관에 구비하는 도서 구입 원칙을 정해야 한다. 새로운 이론은 어려울 수밖에 없지만 어려운 책은 읽지 않고 사지 않으니 사유하는 책을 낼 수가 없다. 그래서 외국 학자가 쓴 책을 번역하여 출판하고 있다. 도서관을 확충하여 우리나라 학자가 쓴 책을 사주면 다소 대중성이 떨어지더라도 출판사는 책을 내줄 것이다. 지금은 몇몇 대중적 저자를 제외하면 출판사 눈치 보느라 전전긍긍하는 실정이다.

다음은 학습자의 자세다. 의존해서는 안 된다. 스스로 하는 것이 공부다. 그래야 깨침이 있다. 학습자는 선생에게 기대지 말고 부처가 그랬듯이 보리수 밑에 앉아서 스스로 공부하라는 것이다. 선생은 큐레이터 역할에 불과하다. 이쯤에서 소크라테스의 말을 경청한다. "선생님 우체국 가는 길이 어느 쪽이지요?" 하고 제자가 물었다. 소크라테스 왈 "나는 모른다, 다만 이쪽은 아니다." 소크라테스의 교육 방법을 산파법이라 하는데 공부는 스스로 하는 것이지 선생이 대신하는 것이 아님을 말하고 있다. 다만 가지 말아야 할 길은 분명히 한다.

끝으로 교육의 핵심축인 대학의 대오각성이다. 죽어가는 대학에서 무슨 지식을 생산하고 이를 사회에 공유할까? 한국의 대학 현실은 참담하다. 정책 당국은 한국의 대학을 틀어쥐고 숨을 막히게 하고 있다. 재정 지원을 빌미로 대학 경영을 흔들고 있고 학생 선발권을 정부가 관리하여 고등학교의 연장으로 대학을 통제하고 있다. 이 나라가 위기에 처한다면 가장 먼저 비판의 도마 위에 올려야 할 정책이 바로 교육정책일 것이다. 여기엔 언론도 한몫하는데 사양길에 접어든 언론사가 대학을 평가하고 서열화하고 있다. 망해가는 언론사는 자신 장래를 걱정하지 왜 대학을 평가하여 줄 세우기를 하는지 모르겠다. 더 우스꽝스러운 것은 이러한 언론사의 평가에 일희일비하는 대학 관리자들이다. 평가받지 않겠다는 대학은 왜 없는지? 이렇게 대학 정책을 비판하지만 이런 월권을 방조한 대학교수의 책임도 통감한다.

결국 교육은 사람이 하는 것이라 교수가 중요한데 교수가 새로운 개념설계를 하지 않고 다른 나라 이론이나 틀을 모방하여 그대로 학생들에게 전달해서는 안 된다. 진리에 가까운 지식을 자신의 개념설계로 교육 콘텐츠에 담아내야 할 것이다. 또한 교수는 학생들에게는 큐레이터가 돼야 함을 앞에서 말했다. 전문가로서 학생들이 자기 길을 찾아 나서는 것을 옆에서 도와주어야지 앞에서 끌고 가서는 안 된다. 교수가 큐레이터로서 역량을 갖추려면 반드시 요구되는 것이 철학적 사유 능력이다. 무엇이 진리인지 사유하고 비판할 수 있는 자가 큐레이터가 될 수 있는데 사유 능력을 갖춘, 즉 선이 굵은 교수가 점점 귀해지니 걱정이다.

### 요약

복지정책을 새로 보려 한다. 기존의 복지정책이 소득 위주로 흐르기 때문이다. 소득 위주의 생활 복지는 후손들에게 큰 부담을 줄 수 있어 고령화·저출산 시대에 맞는 정신 복지를 제안한다. 세 가지가 있는데 윤리관의 확립이 먼저이고 다음은 일자리 복지다. 일은 고통이 따르지만 일을 하고 나면 정신이 맑아지고 자존감이 생긴다. 마무리는 공부, 평생 공부를 제안한다. 공부는 자존감을 높일 수 있는 최고의 복지가 될 것이다. 정신이 풍요로우면 물질에 덜 매달릴 수 있다. 정신 복지는 생활 복지의 문제점을 완화할 수 있을 것이다.

# 제12장 도시재생 새로 보기

## 도시의 중요성

앞 장에서 국가 정책에 대해 논의했다. 국가라는 개념이 나타난 지는 불과 얼마 되지 않지만 도시는 인류 역사와 함께할 정도로 오래된 개념이다. 젊은이들이 살고 싶은 곳을 물으면 뉴욕·파리·런던·서울 등 도시이지 국가가 아니다. 이제는 국가 대 국가의 경쟁이 아니라 도시 대 도시가 경쟁인 시대이다. 더구나 저출산·저성장·노령화로 지방 도시의 쇠퇴가 거론되면서 중앙 도시로 인구가 집중하여 도시문제가 심각한 사회문제로 재등장하고 있다. 그 결과 도시의 생명력을 살리는 도시재생은 세계적 담론이 되고 있다. 이런 사정을 감안하여 이 장에서는 도시가 생명력을 갖게 하는 도시재생을 논의하려 한다.

도시urban는 시골rural과 대립하는 개념으로 자연 상태가 아닌 성곽을 둘러쌓고 사람들이 모여 사는 곳이다. 자연 상태에 가까운 시골은 적이나 자연재해로부터 방어와 세금을 징수하고 관리하기 어려워 성곽을 만들어 모여 살게 하여 도시가 탄생한 것이다. 이런 연유로 탄생한 도시는 인류 문명 발전에 크게 공헌한 개념으로 볼 수 있는데 도시에 모여 살아 인류는 지금의 발전을 가져왔다고 볼 수 있다. 만약 자연에 흩어져 유목 생활을 하였다면 지금도 양을 치며 살고 있을 것이다.

대한민국 경제·사회·문화 발전의 계기도 바로 급격한 도시화다. 농촌 공동체를 형성하여 산촌으로 흩어져 살던 사람들이 도시로 모여들어 생산·유통·소비 모두에서 큰 기회가 생성되어 발전하는 계기가 된 것이다. 모여 살아 경제도 발전했고 공동체란 가면을 쓴 봉건성에서 여성은 해방될 수 있었으며 미술관·극장 등 문화시설이 만들어져 정신이 풍요로워질 수 있게 된 것이다. 따라서 도시가 죽으면 그 나라는 총체적 난국에 빠지게 된다. 이러한 중요성을 인식하지 못하고 지금까지 우리는 도시를 산업화의 산물 정도로 생각하고 도시의 비인간성을 말한다. 산업화로 도시가 생성된 것이 아니라 도시가 만들어졌기 때문에 산업화할 수 있게 된 것이고 공동체가 사실은 더 비인간적일 수 있다. 도시의 익명성이 갖는 비인간성보다 공동체의 문화적 억압이 더 비인간적일 수 있음이다.

이렇게 중요한 의미가 있는 도시가 휘청거린다. 도시가 제 갈 길을 찾지 못하고 휘청거리면 한 나라의 경제·사회·문화도 휘청거린다. 따라서 도시를 제대로 이해하고 도시의 생명력을 키우는 것이 우리 사회가 발전하는 길이다. 우선 지금까지 도시를 어찌 생각했는지부터 살펴본다.

## 모더니즘과 기존 도시

도시의 생명력을 논의하기에 앞서 지금 우리 머릿속에 들어 있는 도시를 보는 시각을 정리한다. 한마디로 정리하면 모더니즘이다. 산업혁명 이후 전개된 사회적 담론이나 문화적 코드를 모더니즘이라 하는데 표준화·효율화·새로움 등이 모더니즘을 대표하는 표현이다. 그 결과 정부 조직을 비롯하여 기업 조직, 심지어 학교 조직까지 효율화와 표준화를 위해 군대식 위계 조직을 따르게 되었고 도시 또한 위계적인 눈으로 보게 된 것이다.

예를 들어 도심·부도심·근린 등으로 도시를 나누고 서울과 지방으로 위계화한다. 이러한 도시 위계는 도시를 권력으로 보게 한다. 도심이나 서울의 건물은 높고 커야 하고 그곳에 시청을 비롯한 공공건물이 들어서야 하고 가격 또한 높아야 하는 것으로 생각하는 것이 도시 권력이다.[1] 이러한 권력은 폭력을 수반하는데 도시설계를 담당하는 부서나 위원회는 사사건건 위계에서 벗어난 건축이나 행위를 규제하고 있다. 가령 건물의 층고·건폐율·용적률 등이 위계에 따라 다르고 이 규칙에 벗어나면 심한 제재를 받거나 아예 허가가 나지 않는다.

모더니즘적으로 도시를 보는 또 다른 예는 신도시 건설이다. 새로운 것이 좋다는 모더니즘 코드는 도시설계에도 그대로 반영되어 주거 문제를 해결한다는 명분으로 아예 신도시를 건설하거나 구도시를 신도시로 탈바꿈시키는 프로젝트를 진행한다. 이른바 도시재개발이 바로 모더니즘적 발상이다. 도시재개발 또한 거주하던 주민을 쫓아내는 폭력성을 노출하고 있어 이 문제를 최소화하는 방안으로 도시재생이 거론되고 있다.

위에서 모더니즘적 도시의 폭력성을 논의했다. 폭력성을 되짚어보면 권위에 대한 복종이 숨어 있다. 폭력성은 이를 받아들이는, 즉 시민의 복종에 근거하고 있는데 사람들은 자신이 없거나 위기에 처하면 권위에 복종한다. 이러한 현상을 잘 보여주는 것이 최근의 강남권 아파트값 폭등이다. 지방 산업의 붕괴와 인구 감소로 이어질 한국 경제의 불안 요소 때문에 서울, 그것도 강남권으로 모이는 것이다. 이는 불안감을 줄이기 위해 중심이란 권위에 복종하는 현상으로 볼 수 있다.

모더니즘적 도시에는 이처럼 위계적 폭력성과 시민의 권위 복종이 한몫하지만, 더 깊은 곳에 자리 잡은 것은 도시를 구성하는 장소place를 모두 동일하게 보는 시각이다. 모더니즘에서는 개별성보다는 표준화와 보편성을 내세우기 때문에 의미 있는 장소, 즉 장소성placeness을 인정하지 않는다. 도시를 구성하는 장소는 같지 않다. 내 고향일 수 있고, 내가 공부한 학교가 있는 곳일 수 있으며, 자식을 낳고 부모님을 저세상에 보낸 곳일 수 있는 곳임을 인정하지 않는다. 의미를 인정하지 않을 때 모든 도시는 같고 따라서 등수를 매기듯 위계를 만들 수 있다.

이러한 모더니즘적 도시 개념에서 벗어나 새로운 개념의 도시로 가는 방안이 바로 장소성이다. 장소성은 시대성을 반영하여 도시에 생명력을 준다. 지금부터 장소성에 대해 논의한다.

## 새로운 도시 개념인 장소성

서울의 청계천 복원, 북촌의 문화 거리화, 서촌의 생활 거리화, 홍대 앞의 번성 등을 보면 도시를 구성하는 장소에도 생명력이 있음을 알게 될 것이다. 장소는 같지 않다. 나름의 문화적·자연적·역사적 의미로 같지 않은 것이다. 이것이 바로 도시의 생명력인데 이를 장소성placeness이라 한다. 장소성은 아마도 생소하여 헷갈릴 텐데 최근 들어 등장한 개념으로 비장소non-place라고 하는 학자도 있다.[2] 장소성은 장소를 개발의 대상인 땅으로 보는 것이 아니라 문화·생명체·예술을 품는 공간으로 보는 것이다. 즉 장소를 타자가 아니라 자아가 있는 주체로 보는 안목이라 어찌 보면 풍수지리설에 가깝다.[3] 풍수지리설은 땅의 생명력에 초점을 맞추고 있어 자연지리에 가깝지만 장소성은 장소가 품고 있는 자연성·문화성·역사성에 초점을 맞추고 있어 인문지리에 가까운 차이는 있다.

좀 더 현장감 있게 직장 근처인 '홍대 앞'의 장소성을 예시한다. "저는 홍대 앞뒤에 있는 대학에 근무하는 전인수입니다"라고 소개할 정도로 '홍대 앞'은 명소가 되어 있는데 이유는 몇 가지가 있다.

첫째, 젊은이의 인디 문화가 이곳에 있다. 다양한 클럽이 있어 일반 매스컴에서 접하기 힘든 새로운 장르의 음악 공연이 이루어지고 함께 춤을 출 수 있다. 둘째, 상상 마당을 비롯하여 난타 공연장 등 기업이 지원하는 문화예술 시설이 갖춰져 있어 대중적이지만 예술적 이미지를 갖추고 있다. 셋째, 상업 공간인 가게도 특이한 디자인과 도발적 영업 방식으로 B급 문화를 만들어내고 있다. 즉 상업 공간이 키치가 있는 B급 문화인 것이다. 넷째, 지하철 2호선과 6호선이 지나고 공항 철도도 연결되어서 서울 시내 어느 곳 못지않게 접근성이 뛰어나다.

이런 것이 바로 장소성이다. 장소성이 살아 있는 장소에 사람들이 몰리는 좋은 증거다. 그래서 도시재생은 모더니즘적 장소가 아니라 장소성이란 새로운 개념으로 접근해야 한다. 그렇다면 도시의 생명력인 장소성을 갖게 하는 방안은 어떤 것이 있을까?

## 장소의 고유성 살리기

도시가 장소성을 갖게 하는 방안은 여러 책에서 다루고 있는데, 파리의 옛 철도와 역사를 재생시킨 파리 프롬나드 플랑테, 쓰레기 처리장이던 섬을 예술로 재생시킨 일본의 나오시마, 화력발전소를 현대미술의 메카로 만든 런던의 테이트 모던, 옛 고가 철도를 공원으로 바꾼 뉴욕의 하이라인파크, 옛 공장 지역을 예술 창작촌으로 바꾼 베이징 798 예술구 등이다.[4]

이들 사례에 바탕을 두어 장소가 생명력을 갖게 하는 방안을 추론하면 고유성 살리기와 장소성 만들기 두 가지가 있다. 먼저 고유성 살리기부터 논의한다.

### 자연 살리기

한국이 갖는 최고의 자연 자원은 산과 바다 그리고 강일 것이다. 산이 없는 도시가 없고 대개의 도시는 강을 중심에 두고 성장하든지 아니면 바다를 면하고 있다. 제주도의 휴양림은 거의 환상이다. 교래 자연 휴양림이나 서귀포 자연 휴양림이 갖는 장소성은 가서 걸어보면 알 것이다. 서울은 한강이 있고 한강 변을 공원으로 조성하여 주말이면 젊은이들과 반려견의 천국이라 할 정도로 많은 사람이 모여든다. 지리산 반달곰 방사처럼 국립공원에 멸종 위기의 동식물 서식지를 만들어 주는 것도 자연 살리기에 해당한다. 제주의 올레길을 비롯하여 지자체마다 강이나 하천을 따라 걷는 길과 자전거 길을 만들고 있어 자연을 통한 장소성 살리기는 상당히 진전되어 있다고 볼 수 있다.

## 헤리티지 살리기

이는 정부나 지자체에서 투자를 아끼지 않는 장소성인데 문제가 많다. 헤리티지는 현대화되어 세계인이 호흡하지 못하면 의미가 없음에도 전통 가옥을 복원하고 옛날 생활 모습을 복원하여 보여주는 데 주력하는 것이 문제다. 정부자금 지원으로 복원했지만 이후 관리 비용은 지자체가 조달해야 해서 지자체의 재정 압박을 가져오는 요인이 되고 있어 문제라고 한 것이다. 이렇게 된 이유는 헤리티지를 하드웨어적으로 접근하기 때문이다.

헤리티지는 소프트웨어적으로 접근하면 장소성을 설계하는 데 큰 도움이 된다. 그 정신을 살린 산업이나 공연, 교육 등으로 만들어가는 것이 소프트웨어적인 것이다. 프랑스는 장소성을 살려 장소마다 독특한 와인을 선보이고 있는데 이것이 바로 헤리티지의 산업화다. 그리고 일본은 지자체마다 독특한 농산물이 있고 이를 특화하기 위해 경매 마케팅을 잘 활용한다. 예를 들어 북해도산 멜론 첫 수확물이 나오면 경매시장에서 비싼 가격으로 낙찰받게 하여 유명세를 얻게 한다.[5] 전북 군산이 옛 여인숙 거리를 예술인촌으로 바꾸어 나름의 길을 가는 '문화 공동체감'이 좋은 예다.

### 사람으로 살리기

경북 영양 이문열 작가의 고향을 방문한 적이 있다. 정부 지원으로 작가의 도서관·숙박촌 등이 엄청난 규모로 조성되어서 먼저 놀랐고 정작 그곳에 이문열 작가는 없었다. 왜 이런 말을 하느냐 하면 지자체마다 젊은 작가 창작촌, 유명한 문인들을 초청한 창작촌을 만들고 있는데, 창작촌을 건설하여 젊은 작가를 키우는 것은 좋지만, 한때 유명했던 문인을 마케팅 소재로 활용하는 것은 곤란하다. 이미 지나간 사람들이라 장소성에 큰 도움이 되지 않기 때문이다.

조사한 바에 의하면 미국의 창작촌은 100년 이상 역사를 갖고 꾸준히 성장하는데 우리나라는 한때 반짝했다가 시들해지고 있다.[6] 창작촌은 가능하면 도시에 있는 것이 좋다. 그래야 산업 유발 효과가 있고 젊은이들이 모인다. 조용한 자연 속에서 창작하는 것도 나쁘지는 않지만, 옛 도시 시설을 활용하는 것이 더 좋다. 베이징이나 상하이가 옛 공장 지역에 창작촌을 만들어 장소성을 살리고 있는 것이 좋은 예다.

### 장소성 만들기

다음은 장소성 만들기다. 장소성 만들기로 익숙한 예는

랜드 마크다. 파리의 에펠탑·뉴욕의 공연 거리·상하이 동방명주·서울의 롯데타워 등이다.[7] 각 도시에 가면 랜드 마크를 사람들이 찾기 때문에 의미가 있다. 하지만 큰 도시면 몰라도 지방 소도시는 랜드 마크를 만들기가 쉽지 않다. 그래서 생각하는 것이 테마 축제다. 아마도 우리나라만큼 그만그만한 축제가 많은 나라도 드물 것이다. 어찌 보면 중복 축제로 예산 낭비이고 동네잔치에 불과하다고 비판할 수 있다. 그래서 랜드 마크나 축제가 아닌 새로운 개념으로 장소성을 창안하는 세 가지 방안을 예시한다.

### 아트 활용하기

첫 번째로 아트플랫폼이다. 이는 아트를 도시의 플랫폼으로 만들어 관광객·시민이 산업과 만나게 하는 것을 말한다. 두바이가 세계적 미술관 분점을 만들 듯이 미술관이나 박물관을 중심으로 산업 공간을 배치하여 예술과 산업이 조화 있게 발전시키는 것이 그 예다. 세계 제1위 관광도시 파리가 미술관을 플랫폼으로 활용하고 있으며 뉴욕 또한 그렇다. 또한 쓰레기 처리장이었던 나오시마섬을 거장들이 설계한 미술관으로 탈바꿈시킨 것이 그 예다. 제주도 성산 일출봉 근방의 지하 벙커에 들어서는 미디어아트 미술관인 '빛의 벙커'도 그런 예에 속한다. 앞에서 장소성의 예로 든 '홍대 앞'

이 쉽게 접할 수 있는 아트플랫폼의 좋은 예다.[8]

한편 공공 미술이다. 2001년에 더러운 범죄소굴로 악명이 높던 뉴욕 지하철 MTA의 이미지를 개선하기 위해 무라카미 다카시의 〈윙크〉라는 작품을 그랜드 센트럴 역에 설치한 이후 공공 미술이 장소성을 창조하는 방안으로 본격적으로 논의되었다. 최근에는 에디토리얼 일러스트레이션 작가인 이동윤이 MTA의 의뢰를 받아 〈Since 1904〉를 제작하여 MTA에 전시하는 것으로 알려져 공공 미술의 효능이 입증되고 있다.

### 도서관으로 장소성 만들기

두 번째로 도서관이다. 퇴직 후 고향에 가서 할 일을 생각해보는 것이 요즘의 꿈 중 하나인데 이런 꿈을 꾼다.

폐교된 자리에 세계적 명성을 갖는 디자이너가 설계한 도서관을 만들고 그곳에 작은 카페를 내어 찾아오는 손님을 접대하고 싶다. 도서관 건물은 특정 기업의 지원을 받아 그 이름으로 할 것이며 도서관을 찾는 젊은이들이 편히 쉴 수 있는 작은 숙소를 짓고 밤에는 별을 구경하게 하리라. 밤에 보는 내 고향의 별은 환상이다.

한길과 샛길 가에 배롱나무를 심어야지. 여름에 꽃을 피우는 배롱나무는 그늘이 무성하지 않아 농작물에 피해가 없고 빨간 꽃을 오래도록 피우기 때문에 찾아온 손님이 산골을 한 바퀴 돌 때 벗이 될 것이다. 배롱나무 사이에 쌀밥나무로 알려진 이팝나무도 띄엄띄엄 심어 어릴 때 못 먹은 쌀밥을 실컷 꽃으로 먹어야지.

고향 이름이 칠곡이라 산이 여덟 개다. 산마다 주제가 있는 숲을 가꾸리라. 어떤 산은 도토리나무 숲으로 조성하고 어떤 숲은 편백을 심고 또 어떤 숲은 단풍나무를 심으리라. 내 유년에 소먹이려 다니던 곳에 작은 표지라도 해야지. 이곳에서 지금의 꿈이 여문 곳이라고.

허황된 꿈의 중심에 바로 도서관library이 있다. 산골마다 크고 작은 도서관이 있는, 그것도 특화된 도서관으로 소멸해가는 장소성을 살릴 수 있을 것으로 본다.

책을 소중하게 여기고 늘 책을 가까이할 수 있는 장소가 아름다운 장소다. 큰돈 들이지 않아도 운영된다. 기업이 지어주고 도서 구매는 기부받고 인력은 자원봉사자로 쓰면 된다. 이를 운영하는 최소한의 비용만 지자체에서 지원해주면 된다. 학생이 없어 비워둔 학교나 그 땅의 장소성을 살리는 방안으로 도서관이 최고다.

### 비즈니스 친화력 높이기

세 번째는 비즈니스 친화다. 강릉이 커피 메카로 자리 잡고 부산이 베이커리로 유명해지는 것은 작은 예이고 미국의 실리콘밸리나 수원 삼성전자가 좋은 사례다.

마침 정부에서 공기업을 지방으로 옮기는 프로젝트를 단행했다. 나주에 가니 한전을 비롯하여 농어촌개발공사가 입주하여 큰 도시를 이루고 있었다. 나주는 발전發電과 관련된 박물관·대학·연구 기관 등이 입주하여 지낼 수 있게 생활 편의 시설을 갖추면 이것이 바로 장소성이 된다.

오래전에 일본 홋카이도에 있는 사이언스파크를 방문하고 정신이 번쩍 든 적이 있다. 기업의 연구 개발 부서를 입주시키는 시설을 시가 만들고 공유 공간인 호텔, 콘퍼런스 홀 등을 운영하고 있었다. 돌아와서 분당 신도시 건설에 사이언스파크를 만들자고 했으나 수포가 되고 지금 그 자리는 아파트와 오피스 빌딩이 들어서 있다.

한참 늦었지만, 판교가 그 기능을 대신하여 어느 정도 꿈이 실현되었지만, 비즈니스 친화도 장소성의 중요한 개념이 될 수 있어 사례로 소개했다.

### 도시재생의 가이드라인

고유성 살리기든 장소성 만들기든 장소성으로 도시를 재

생하려면 몇 가지 지켜야 할 것이 있다.

먼저 지금처럼 중앙정부가 개념을 공모하고 이를 선정하여 자금을 지원하는 것은 안 된다. 지자체가 개념설계를 주도하고 이를 중앙정부에 제출하여 지원받아야 한다. 그러기 위해서는 과거와의 단절이 필요하다. 모든 것을 품고 갈 수는 없으며 다른 도시처럼 해서도 안된다.

독보적인 것을 찾아내는 상상력이 필요하다. 하지만 원칙은 있다. 재정 부담을 가중하는 것은 곤란하다. 민간과 협력하거나 위임해야 한다. 지자체는 개념만 관리하면 된다. 예를 들어 서울역 고가 차도는 시민이 찾지 않은 전시 행정일 수 있다. 서울시는 재정이 튼튼하니 견딜지 모르지만 지방은 힘들다.

다음으로 고객이 좋아하는 것이어야 한다. 강릉이 커피 메카로 등장하고 부산이 베이커리로 뜨는 등 젊은이들이 모여들 수 있게 장소성을 정해야 한다. 정부가 전통 시장에 엄청난 돈을 쏟아붓고 있는데 이건 아니다. 소비자들이 외면하는 것에 돈을 투자할 필요가 없다. 소비자와 관광객이 찾아들 수 있는 개념이어야지 전통이라고 해서 통하는 것은 아니다. 따라서 동시대 개념에 맞는 것을 발굴하고 전통에 매이지 말아야 한다. 그렇게 되면 고객이 찾을 것이고 젊은이들이 자연스레 모이게 된다.

세 번째로 시너지가 필요하다. 고유성만으로는 한계가 있다. 아트 공간이 있어야 하고 조용히 사색할 수 있는 도서관이 함께 하는 장소성이 있어야 지속할 수 있다. 그래서 이런 예를 생각해본다. 동해안 벨트를 구상하는 것이다. 동해를 끼고 도서관·미술관이 띄엄띄엄 있고 중간마다 카페와 베이커리가 있는 그런 곳이다. 동해안이 장소성이란 생명력을 가져 그 생명력은 북한까지도 이어지게 될 것이다.

## 요약

모더니즘적 도시의 종말을 예견하는 경고음이 선진 각국에서 들리고 있고 우리나라도 예외일 수 없다. 인구 감소, 산업 쇠퇴 등으로 그런 현상이 나타나는 것이다. 도시의 쇠퇴는 인류 문명의 쇠퇴를 보여주는 대표적인 시그널이다. 이유는 도시로 인해 인류 문명은 급속히 발전할 수 있었기 때문이다.

따라서 새로운 개념으로 도시를 재생시키는 것이 세계적 관심사가 되고 있지만 신통한 이론이나 접근이 없다. 그래서 장소의 생명력인 장소성placeness이란 개념으로 도시를 살려내는 방안을 논의한다. 두 가지 방안이 있는데 장소의 고유성 살리기와 장소성 만들기다. 각 방안의 예를 세 가지로 정리했다. 황당한 얘기로 비판받을 듯하다. 하지만 상상이 세상을 바꾼다는 생각에서 논리를 넘어서는 꿈을 꿔본다.

제5부

# 마무리

# 제13장 삶의 개념설계

## 어떻게 살 것인가

이제는 개념설계를 마무리하는 시간이다. 어떻게 사는 것이 바람직한 삶인지를 생각하려 한다. 숭고한 삶·이타적 삶·더불어 사는 삶·자족하는 삶·작지만 확실한 행복을 추구하는 삶·좋은 교육을 받고 돈 잘 버는 삶·출세하는 삶 등등 헤아리기 힘들 정도로 다양한 이미지가 떠오를 것이다. 대체로 명예·출세·행복 등을 바람직함으로 여긴다.[1]

이유는 무엇일까? 그런 삶을 학교나 언론, 책 그리고 어른한테서 많이 들어왔기 때문이다. 많이 듣고 칭송하는 삶을 바람직하다고 생각한다. 이러한 바람직함을 따져 묻는 것으로 글을 시작한다.

우리가 들어오거나 교육받은 바람직함을 조금 자세히 들여다보면 윤리성과 세속성이 혼재돼 있음을 알 수 있다. 학교나 언론에서는 윤리성을 강조하고, 집에서는 좋은 학교에 들어가 좋은 직장 구해서 평안하게 사는 세속적 안정을 바람직함으로 여기고 있다. 사회체제의 유지 담론을 만들어내고 전파해야 하는 책무를 맡는 제도권에서 내세우는 바람직함은 윤리성이다. 이 경우 바람직함을 '선good'으로 말하고 그 반대에 '악bad'에 해당하는 거짓·폭력·나태·이기심 등을 위치시키는 전략적 접근을 한다. 이유는 선과 악의 대립구도로 규정하는 것이 설득에 유리하기 때문이다.

가정에서도 밥상머리에서 남을 배려하고 열심히 공부하는 것을 바람직함으로 교육하고 있다. 남을 배려하는 것은 윤리적 가치이고 열심히 공부하여 1등 하는 것은 세속적 가치라 둘이 공존하기 어렵지만 그렇게 훈육하고 있다. 차라리 수단 방법 가리지 말고 어찌하든 1등 하여 좋은 대학 가라고 하면 바람직함이 명확하여 아이들이 헷갈리지 않을 텐데 가치의 혼돈이 생긴다. 내 짝꿍이 꼴찌를 하여 힘들어하는 모습이 싫어 시험 답안을 오답으로 메워 꼴찌를 한 아동의 얘기를 들은 적이 있다. 에피소드로 한두 번 정도는 부모가 참겠지만 반복된다면 바람직하다고 할까? 아마 남의 집 자식이 그렇게 한다면 바람직하다고 할 수 있을 것이다.

윤리성과 세속성을 대비시켜 바람직한 삶을 논의하는 이유는 이런 식으로 바람직함을 규정해보아야 모두 헛것이라는 것이다. 이유는 무엇일까? 윤리든 세속이든 타자가 나의 삶을 규정하는 닫힌 개념이기 때문이다. 내가 내 삶의 주인이 되어 바람직함을 설계하는 열린 개념으로 바뀔 때 비로소 진정한 삶의 모습이 드러날 것이다. 먼저 지금까지 바람직한 삶을 규정해온 윤리성과 세속성을 비판하고, 내가 주인이 되어 바람직한 삶을 설계하는 열린 삶으로 가는 길을 논의한다.

### 기존 개념

이로움을 어떤 눈으로 보는지에 따라 이타주의와 이기주의로 구분하는데, 공익을 이로움으로 보면 이타주의고 사익을 이로움으로 보면 이기주의다. 윤리성을 강조하는 교육이나 언론의 프레임은 이타주의altruism에 해당하고, 안정된 물질과 명예 등의 세속성을 소중히 여기는 프레임은 이기주의egoism에 해당한다. 이기주의와 이타주의를 논의하여 윤리성

과 세속성의 속살을 들여다본다.[2]

### 이기주의는 악이다

이기주의를 배격하는 것이 바람직한 삶임을 주장하는 철학자나 종교학자의 견해다. 종교개혁을 주도한 칼뱅Jean Calvin(1509~1564)은 "자기 자신을 사랑하는 것은 무서운 전염병인 페스트와 같다. 이유는 자기 자신을 사랑하는 마음이 다른 사람에 대한 사랑을 가로막기 때문이다." 홉스Thomas Hobbes(1588~1679)는 "인간이 전쟁하고 싸우는 짐승 같은 삶을 살아갈 수밖에 없는 이유는 이기심 때문이다." "이러한 만인의 만인에 대한 투쟁을 막기 위해 강력한 권력을 갖춘 '리바이어던(국가를 의미함)'을 만들어야 한다." 낭만적 관념주의 철학자인 칸트Kant(1724~1804)는 "다른 사람의 행복을 바라는 것은 선이지만 자기 자신의 행복을 바라는 것은 선이 되지 못한다"고 하면서 이타주의를 권하고 있으며 "즐거우면서 도덕적인 행위는 없다"고 하여 이타주의는 인내와 고통이 따름을 말한다.

### 이기주의는 선이다

이기주의를 옹호하여 자본주의의 철학적 기초를 제공한 애덤 스미스Adam Smith(1723~1790)가 이기주의를 선으로 본 대표적인 학자다. 그는 맨더빌Mandeville(1670~1733)의 책 『꿀벌의 우화』에서 이기주의를 옹호하는 아이디어를 얻었다고 한다. 꿀벌은 이기적이지만 오히려 공동체 전체에 이익을 준다는 것이다. 하지만 그가 말하는 이기주의는 인간의 사치·탐욕·자만심 등이 아니라 도덕 감정으로서 이기주의를 말한다. 이는 동감의 이기주의를 말하는데 누구든 그 처지가 되면 그렇게 행동할 수밖에 없다면 그것이 도덕 감정으로서의 이기주의라고 한다.[3]

한편 생의 철학자인 니체는 말한다. "다른 사람을 사랑하는 것은 노예가 주인에게 의존하는 것과 같다. 나약해서 투쟁을 통해 얻어낼 수 없을 때 호소하는 얄팍한 이기주의적 수법으로 노예근성이다." 그는 이웃 사랑을 가르킨 예수를 비판하고 초인을 내세워 자기 자신을 진정 사랑하는 강한 개인을 내세운다. 이 초인의 친절·사랑 등은 자연스럽게 우러나온 것이지 이타적인 것이 아니다. 어디까지나 자기 사랑에 불과하다. 그가 말하는 자기 사랑 이기주의를 윤리적 이기주의라고 한다.

사회 생물학자인 윌슨Edward Wilson(1929~)의 말이다. 모든 생물은 진정한 이타주의는 불가능하고 오직 이기주의만 가능하다. 이타적으로 보이지만 사실은 자기의 유전자를 보존하기 위한 이기적 행동에 불과하다. 자연 다큐멘터리에서 돌

고래의 이타적 행위를 보여주고 있지만, 이것은 유전자를 보존하기 위한 행동이지 이타주의에서 나온 행위는 아니다. 이러한 예처럼 인간도 이타적 행동을 할 수 있지만, 그것은 종교적 도덕적 가치에서 나온 것이 아니라 유전자를 보존하기 위한 행동에 불과하다. 윌슨의 논리를 이어받은 도킨스Richard Dawkins(1941~)는 『이기적 유전자』라는 책에서 이기주의는 자연스러운 것이며 생존과 번식 그리고 문명의 진화를 이끌어 가는 긍정적 힘이라고 한다.[4]

### 이기심과 자기 사랑

이기주의는 악으로 배격해야 한다는 주장과 이기주의가 '선good'이란 주장은 반대의 상황에 있는 듯 보이지만 사실은 그렇지 않다. 이기주의를 이기심과 자기 사랑으로 각각 해석하고 있음을 알 수 있다. 악으로 보는 학자는 이기심으로, 선으로 보는 학자는 자기 사랑으로 보고 있다. 이기심과 자기 사랑을 구분하는 학자의 말을 들어보자.

아리스토텔레스는 『정치학』에서 자기 사랑은 자연스러운 것이지만 이기심은 정상적이 아니라고 한다. 예를 들어 행복을 희생하면서까지 버는 돈은 이기심이지 자기 사랑은 아니라고 한다. 또한 지나친 자기 사랑, 즉 자기만을 사랑하는 것은 진정한 자기 사랑이 아님을 나르키소스 신화는 말한다.

정신분석학자인 프롬Erich Fromm(1900~1980)은 이기심과 자기 사랑을 이렇게 구분한다. "이기심은 자신을 너무 많이 사랑하는 것이 아니라 너무 적게 사랑하는 것이다. 자신을 미워하는 것이다. 이기심은 자기를 파멸시키는 자기 사랑이다."[5] 따라서 자기 사랑으로서 이기주의를 이기심과 구분하기 위해 건전한 이기주의라 표현하기도 하는데 이런 이기주의는 복수를 받지 않은 이기주의·이타주의까지 연결되는 이기주의라고도 한다. 자기 사랑으로서의 이기주의가 이렇게 의미 있음에도 불구하고 동서고금을 막론하고 윤리로서 이타주의를 말하는 이유는 무엇일까?

미국 종교학자인 니부어Reinhold Niebuhr는 『도덕적 인간과 비도덕적 사회』라는 책에서 말한다. 개인일 때는 도덕적인 인간이 사회를 구성하면 비도덕적 인간으로 변하기 때문에 이타주의를 강조하게 된다고 한다.[6] 사실 개인으로 있을 때는 자기 사랑과 타인 사랑까지 말하던 사람이 완장을 차면 채찍을 휘둘려는 것을 흔히 본다. 독재자도 개인적으로 만나면 극히 도덕적이다. 하지만 그 자리에 앉으면 피도 눈물도 없는 독인毒人이 되는 것은 개인과 사회가 다르기 때문이다. 이렇게 바뀌는 이유를 정신분석학자는 가학증sadism에 비유하고 당하는 개인은 피학증masochism으로 분석하고 있지만 분명히 개인 입장일 때의 논리와 집단이 모였을 때의 논리는 다름을 말하고 있다. 그래서 실용적인 학문을 하는 학자는 개인 논리(이기주의)와 집단 논리(이타주의)를 조화시키는 연구를 하고 있는데 여기서는 다루지 않지만 건전한 이기주의와 건전한 이타주의는 동일하다는 것이 결론이다.

그렇다면 동시대에 맞는 바람직한 삶이란 무엇일까? 개인성individuality이 그 답이다.

## 열린 삶으로 가는 길: 개인성

세속성과 윤리성으로 바람직함을 논의하는 닫힌 개념을 비판했고 보기에 따라서 같은 것이라는 실용적 결론까지 말했다. 이기주의와 이타주의를 떠나 자신이 자기 인생의 설계자가 되는 열린 삶을 실현하는 방안을 논의하려 한다. 열린 삶의 키워드는 개인성이다. 이 또한 흔하게 듣고 있어 새로워질 게 없다고 할 것이다.

대개 이런 아포리즘(잠언)이 들린다. "한 번뿐인 인생 하고 싶은 대로 살아라." "좋아하는 것 하면서 살아라." "남의 눈치 보지 말고 자기 갈 길을 가라." 이런 말을 들을 때 나는 이런 생각을 한다. 정말 한 번뿐인가? 좋아하는 것이 뭐지? 남의 눈치 보면 안 되나? 한 번뿐인데 왜 종교에서는 시간의 영원성을 말하지? 왜 좋아하는 것이 자꾸 바뀌지?

이런 반문을 하는 것은 이런 아포리즘조차도 타자와의 관계에서 자신을 보는 기존 개념에서 벗어나지 못하고 있기 때문이다. 좋아하지 않는 일도 가족을 생각하면 해야 하고, 남의 눈치도 상황에 맞게 보아야 하고, 운 좋게도 좋아하는 일을 하면서 생계를 유지할 수 있으면 감사해야 하는 게 아닐까? 그래서 개인성에 주목하는 것이다.

개인성은 개인이나 개인주의가 아니다. 개인성은 자신의 마음 밭을 청소하고 타자와 호흡할 문을 열고 시대성에 등을 보이지 않는 마음가짐이다. 이는 진정한 자기 사랑이고 자존감이다. 개인성은 세 단계로 접근할 수 있다.

**마음 청소하기**

마음이 감옥 속에 갇혀 있는 사람을 철학자는 종말인·말세인·노예 등으로 표현한다. 자신의 신념이나 관념idea이 타자가 만든 것이란 것을 모르고 사는 사람의 마음을 감옥이라 한다. 마음의 감옥을 깨고 나오는 것이 열린 삶인 개인성으로 가는 첫 관문인데 종교·철학·학자의 말을 경청해보자.[7] 경험의 감옥과 지식의 감옥 두 감옥이 우리를 가둔다.

먼저 출세한 사람들이 빠지는 감옥이 바로 자신의 경험이다. 그는 자신의 경험을 진리라고 생각하기 때문이다. 학자도 마찬가진데 좁은 연구를 통해 입증한 가설을 진리로 세상에 말한다. 이들은 말장난이나 스토리텔링으로 자신의 발견이나 경험을 진리로 둔갑시키고 있어 일종의 소피스트다. 소피스트는 대중에 대한 설득력으로 많은 청중을 모을 수 있어 매우 위험한 인물이다. 그래서 이들을 질타한 철학자가 바로 소크라테스다. "너 자신을 알라." 겸손이 아니라 자신의 경험이나 이론이 진리인지 고민해보라고 하는 아포리즘이다. 이후 프랑스 이성주의 철학의 대표적인 학자인 데카르트는 모든 것을 의심하라. 다만 의심하는 주체인 자신을 빼고. 이 말을 "나는 생각한다. 고로 존재한다"는 아포리즘으로 우리는 알고 있다.

다음은 기존 지식 의심하기다. 니체는 『반시대적 고찰』에서 모든 창조는 과거를 잊는 데서 시작한다고 한다.[8] 과거를 잊는다고 하니 기억에서 지워버리는 것으로 생각하는데 그게 아니다. 과거 내가 알던 지식이나 의식을 철저히 의심하는 것이다. 니체의 철학을 흔히들 허무주의 철학 혹은 생의 철학이라고 하는데 그가 말하는 핵심은 세상은 허무하니 적당히 살라고 말하는 것이 아니라 의식·개념·지식 등을 철저히 의심하고 그 후에 새로운 것을 찾아내라고 말한다. 구체적으로 몇 가지를 소개한다.

첫째, 『비극의 탄생』이다. 그리스 시대에 비극이 탄생하였는데 왜 하필 그리스 시대인가? 하고 의문하는 책이다. 그는 비극적 모순을 통해 사람의 참 본질을 말하려 그리스인이 비극을 만들었다고 한다. 사람은 신의 산물이라고 생각하던 시대에 비극적 모순을 통해 인간다움이 탄생한 것이지 신의 창조물이 아님을 말하고 있다. 따라서 비극적 모순을 전제하지 않는 사람다움이란 무의미한 것이다.

둘째, 『도덕의 계보』라는 책에서 니체는 도덕이 탄생한 배경을 의문하고 비판한다. 도덕은 정서의 관념에 불과하므로 그런 관념을 만든 사람의 의도와 목적이 도덕의 뿌리에 있음을 직시하라고 한다.

셋째, 1888년 이후 발작하기 전 몇 달에 걸쳐 쓴 그의 책은 많다. 『바그너의 경우』 『우상의 황혼』 『안티크리스트』 『이 사람을 보라』 『디오니소스 송가』 『니체 대 바그너』 등이다. 모든 책을 관통하는 주제는 어둠과 밝음, 고난과 행복, 축제와 노동이 둘이 아니고 하나임을 말하고 있다. 예를 들어 디오니소스 축제의 육체적 탐닉에서 아폴론적 사유가 탄생함을 말한다. 그가 말하는 요지는 밝음·이성·행복이란 감옥에 갇히지 말라는 것이다. 그는 어둠·흐트러짐·고통이 갖는 수태성을 말하고 있다.

**자신의 문 만들기**

다음 단계는 자신이 세상을 향하는 마음의 문을 새로 여는 것인데, 이는 아름다운 생에 대한 개념설계이고 더 나아가 깨침이다. 불교는 교종과 선종으로 분류되는데 불경 중심으로 깨침에 다가가는 것이 교종이고 참선 중심으로 깨침에 다가가는 것이 선종이다. 선종은 문자(경전)에 의존하지 않음을 일컬어 불립문자不立文字라고 하는데 경전조차 깨고 부숴야 할 타자로 보기 때문이다. 선종에서 중시하는 참선을 주도하는 과제를 화두라고 하는데 일종의 선종 교과서로 세 권이 정리되어 있다.

1004년 도원 스님이 정리한 『전등록』이 있는데 여기에 1,700여 개의 화두가 등장한다. 매우 복잡하여 이후 중현과 극근 스님이 100개의 화두를 골라 정리한 책이 『백암록』이다. 『백암록』에 해설이 붙어 늘어나 배보다 배꼽이 커지는 문제가 발생하자 무문혜개(1183~1260) 스님이 48개 화두를 선별하여 정리한 책이 바로 『무문관gateless gate』이다. 문이 없는 공간에서 문을 찾아 밖으로 나가는 것을 깨침으로 보고 48개의 문제를 내는 책이다.[9] 핵심은 이렇다.

지금까지 만들어 놓은 모든 문은 내가 만든 문이 아니라 타자가 만든 문이라 문이 아니다. 이런 문들을 비판하고 극복하여 자기의 문을 찾도록 하는 교육서다. 결국 나의 문을 찾아야 함을 말하는데 심지어 싯다르타 부처, 선종의 창시자인 달마까지도 비판의 도마 위에 올려놓고 극복하려 한다.

예를 들면 6조 혜능의 화두 풀이다. 스님이 열반경을 공부하면서 바람에 흔들리는 깃발을 보고 두 패로 나눠 논쟁하고 있었다. 바람이 움직인다. 아니다 깃발이 움직인다. 이 논쟁을 듣고 있던 혜능은 둘 다 아니다. "흔들리는 것은 내 마음이다"라고 하여 인정받았다고 한다. 지금 우리가 이 화두를 놓고 참선하면 깃발의 흔들림·바람의 흔들림·마음의 흔들림은 모두 닫힌 문이 되는 것이다. 또 다른 논리를 찾아 나서야 깨침을 얻을 수 있다고 한다. 여담이지만 저자는 "흔들림이란 단어가 있어 흔들리는 것이다"라고 기호학적으로 답할 수 있다. 춤추다로 보면 깃발·바람·마음이 춤을 추고 있다고 말할 수도 있을 것이다.

종교를 동원하여 어렵게 말했지만 '자신의 문 만들기'란 자기 삶이나 사유의 콘셉트를 설계하는 것이다.

### 마음 정원 가꾸기

마음 청소하고 자기 문을 찾는 것이 개인성으로 가는 첫 걸음이고 두 번째 걸음이다. 이제 좀 더 나아가 사회를 받아들임을 말하려 한다. 사회를 받아들임, 시대의 아픔에 등을 보이지 않음이 바로 마음 정원 만들고 가꾸기다. 꽃이 피고 새도 날아오고 비도 오고 햇볕도 내리쬐고 눈도 오는 정원을 말한다.

정원garden은 서양식과 동양식이 다른데 서양식은 인간 이성의 연장으로 자연을 조형한 것이고(예: 베르사유 궁전의 정원), 동양식은 자연성의 연장으로 자연을 축소하여 옮겨온 것인데 일본의 정원이 좋은 예다.

여기서 정원의 유형을 말하는 것은 아니다. 마음 정원은 내 마음속에 타자(자연·타인·욕심·정의·도덕 등)가 들어와 나와 공존하는 것을 말한다. 타인·욕심·정의·도덕 등에 얽매이는 것은 정원이 아니라 감옥이지만 이들이 마음속에 노닐게 하는 것은 마음 정원이다.

마음 정원을 어떻게 만드는지는 말할 수 없다. 설혹 있더라도 말하는 순간 그건 감옥이 된다. 스스로 만들고 가꿔야 한다. 그래도 최소한의 가이드라인은 있다. 자신의 운명(성격·출생·직업·배우자 등등)을 인정하고 의지로 이를 극복하는 것이다. 시대의 고난 또한 운명이 될 수 있는데 어느 시대나 그 시대의 고난은 있다.

임진왜란 시에 나라가 짓밟힌 것을 시대성으로 본 논개는 진주성이 함락되자 외장을 안고 남강 속으로 뛰어들었다. 조선의 3대 갑부에 속하는 이회영은 한일 합방으로 나라를 잃자 전 재산을 팔아 만주로 넘어가 무장 독립 투쟁을 주도하였고 남미 체 게바라는 의사 직업으로 식민 통치와 자본 통제에 숨이 막히는 남미를 해방하는 투쟁에 뛰어들어 한때 젊은이의 아이콘이 되었다.

마음 정원은 자신의 운명과 시대성을 결합하여 새로운 자기로 태어나게 하는 의지다. 마음의 정원이 있을 때 진정한 개인성이 살아나고 타자가 그 속에서 춤을 춘다. 마음의 정원은 자신에게 생명력을 주는 고귀한 힘이다.

## 요약

책의 마무리는 개인의 삶에다 맞추고 있다. 어떻게 살아야 할 것인가?

우리가 알고 있는 바람직한 삶은 내가 아닌 타자가 규정해놓은 삶임을 먼저 말했다. 타자가 규정해놓은 바람직함은 대개 윤리성과 세속성이란 이분법으로 개인을 옥죈다. 일종의 감옥이다. 이런 감옥에서 벗어나는 길을 "하고 싶은 대로 하면서 살아라"로 안내받고 있다. 사회의 일원으로 살면서 사회가 말하는 바람직함을 외면한 채 하고 싶은 대로 하면서 살기는 어렵다. 무책임한 안내다. 그래서 개인성을 소개하여 열린 삶을 설계하도록 안내한다. 개인성은 세 단계로 완성되는데 마음 청소하기가 먼저이고 자신의 문을 설계하기가 다음이며, 시대성까지도 운명으로 받아들이고 등을 돌리지 않는 마음 정원 가꾸기로 완성된다.

# 주

## 1장 개념설계의 시대

1 한종훈 외, 『축적의 시간』, 지식노마드. 2015.

2 「조선일보」, 2018.3.2.

## 3장 개념과 설계에 대하여

1 김용규, 『백만장자의 마지막 질문』, 휴머니스트, 2013.

2 조중걸, 『언어의 한계는 세계의 한계다』, 이야기가있는집, 2017.

3 전인수, 『비즈니스상상력』, 살림, 2017.

4 스테판 비알, 이소영 옮김, 『철학자의 디자인 공부』, 홍시, 2012.

## 4장 개념설계의 망치

1 이동용, 『망각 교실』, 이파르, 2016.

2 박준흠, 『한국 대중음악 100대 명반』, 도서출판 선, 2008.

3 양은영, 「조용필 음악 50년의 한국 대중음악사적 의의 연구」, working paper, 2018.

4 에릭 슈미트, 조너선 로젠버그, 앨런 이글, 박병화 옮김, 『구글은 어떻게 일하는가』, 김영사, 2014.

5 미겔 앙헬 캄포도니코, 송병선, 김용호 옮김, 『세상에서 가장 가난한 대통령 무히카』, 21세기북스, 2015.

6 전인수, 『비즈니스상상력』, 살림, 2017, 113~115쪽.

7 존 스튜어트 밀, 박홍규 옮김, 『자유론』, 문예출판, 2012.

8 칼 포퍼, 이한구 옮김, 『추측과 논박』, 민음사, 2001.

9 토머스 S. 쿤, 김명자·홍성욱 옮김, 『과학혁명의 구조』, 까치, 2013.

10 김용규, 『도덕을 위한 철학통조림 2』, 주니어김영사, 2016.

11 이유선, 『실용주의』, 살림, 2013.

## 5장 개념설계의 사고기법

1 전동렬, 『기호학』, 연세대학교 출판부, 2012, 7장.

2 전인수, 『비즈니스상상력』, 살림, 2017, 10장.

3 한병철, 김태환 옮김, 『투명사회』, 문학과지성사, 2014.

4 조규형, 『해체론』, 살림, 2013.

5 W. Chan Kim and Renèe Mauborgne, *Blue Ocean Strategy*, Boston: Harvard Business Press, 2005.

6 Tim Brown, "Design Thinking," *Harvard Business Review*, June, 2008, pp.85~92.

## 6장 개념설계의 축

1 헤겔, 임석진 옮김, 『정신현상학 2』, 한길사, 2014.

2 샤를 보들레르, 박기현 옮김, 『보들레르의 현대생활의 화가』, 인문서재,

2013.

3 조남주, 『82년생 김지영』, 민음사, 2018.

4 한강, 『채식주의자』, 창비, 2016.

5 이진석, "여러분, 부자 되세요라는 말이 사라졌다", 「조선일보」, 2018.7.31.

6 데이비드 그레이버, 서정은 옮김, 『가치 이론에 대한 인류학적 접근』, 그린비, 2013, 1장.

7 존 피스크, 강태완·김선남 옮김, 『커뮤니케이션학이란 무엇인가』, 커뮤니케이션북스, 2001, 4장.

**7장 경쟁 새로 보기**

1 전인수, 『비즈니스상상력』, 살림, 2017, 5장.

2 Michael E. Porter, *Competitive Strategy*, The Free Press, 1980, Ch.1, 2.

3 James F. Moore, *The Death of Competition*, Harper Business, 1996, Ch1,2,3,4.

4 Gary Hamel and C.K. Prahalad, *Competing for the Future*, Harvard Business School Press. 1994.

5 문영미, 박세연 옮김, 『디퍼런트』, 살림, 2011.

6 선우정칼럼, "한국 자영업에 천하제일은 얼마나 되나," 「조선일보」 제 30334호.

7 리처드 세넷, 김홍식 옮김, 『장인』, 21세기북스, 2008.

8 Sergy Skaterschikov, *SKATE's Art Investment Handbook*, McGrawHill, 2010, Ch1.

## 8장 소비 새로 보기

1 김용규, 『철학카페에서 시 읽기』, 웅진지식하우스, 2013, 255~304쪽.

2 수전 스트레서, 『낭비와 욕망』, 이후, 2010.

3 김용규, 『철학카페에서 문학 읽기』, 웅진지식하우스, 2014.

4 마이클 샌델, 안기순 옮김, 『돈으로 살 수 없는 것들』, 와이즈베리, 2012.

5 Nikhilesh Dholakia and Ruby Roy Dholakia, Choice and Choiceless in the Paradigm of Marketing," *in Changing the Course of Marketing*, eds. Nikhilesh Dholakia and Johan Arndt, London: JAI Press, 1985, pp.173~185.

6 김용규, 『철학카페에서 시 읽기』, 웅진지식하우스, 2013, 255~304쪽

7 John Kenneth Galbraith, *The Affluent Society*, Meriner Books, 1998.

8 앙리 르페브르, 『현대 세계의 일상성』, 기파랑, 2005.

9 James H. Gilmore and B. Joseph Pine Ⅱ, *Authenticity, What Consumers Really Want*, Boston: Harvard Business School Press, 2007.

## 9장 경영 새로 보기

1 CCTV 다큐 제작팀, 허유경 옮김, 『기업의 시대』, 다산북스, 2010.

2 피터 드러커, 이재규 옮김, 『경영의 실제』, 한국경제신문, 2006.

3 한형조, 『조선유학의 거장들』, 문학동네, 2012.

4 전인수, 『비즈니스상상력』, 살림, 2017, 160~164쪽.

## 10장 4차 산업혁명 달리 보기

1 전인수, 『철학으로 본 앙트러프러너십』, 살림, 2016, 3장.

2 피터 드러커, 이재규 옮김, 『미래 사회를 이끌어가는 기업가정신』, 한국경

제신문, 2004, 35~36쪽.

3 하원규 외, 『지금은 4차 산업혁명 시대』, KDI 경제정보센터, 2017.

4 전인수, 『비즈니스상상력』, 살림, 2017, 7장.

5 이동용, 『망각 교실』, 이파르, 2016.

6 손병석, 『고대 희랍·로마의 분노론』, 바다출판사, 2013.

7 임홍빈, 『수치심과 죄책감』, 바다출판사, 2014.

8 김근배, 『애덤 스미스의 따뜻한 손』, 중앙books, 2016, 18~19쪽.

9 전인수, 『철학으로 본 앙트러프러너십』, 살림, 2016, 6장.

### 11장 복지정책 새로 보기

1 정구현, 『우리는 어디로 가고 있는가』, 청림출판, 2013, 8장.

2 도진순 주해, 『백범일지』, 돌베개, 1998, 423쪽.

3 마이클 샌델, 이창신 옮김, 『정의란 무엇인가』, 김영사. 2009.

4 남성일, 신중섭 엮음, 『자유주의 노동론』, 백년동안, 2017, 1장.

### 12장 도시재생 새로 보기

1 리처드 플로리다, 안종희 옮김, 『도시는 왜 불평등한가』, 매일경제신문사, 2018.

2 정헌목, 『마르크 오제, 비장소』, 커뮤니케이션북스, 2016.

3 최창조, 『최창조의 새로운 풍수이론』, 민음사, 2014.

4 윤주, 『도시재생 이야기』, 살림. 2017.

5 「조선일보」, '일농업의 침체탈출법', 2018.6.23.

6 한지원·전인수, 「성숙단계에 있는 작가 레지던시 프로그램의 확산마케팅에 관한 연구」, 문화산업연구, 16(2), 2016, 105~115쪽.

7 서구원·배상승, 『도시마케팅』, 커뮤니케이션북스, 2005.

8 전인수, 『새로 쓰는 마케팅』, 학현사, 2012, 18장.

### 13장 삶의 개념설계

1 리처드 테일러, 홍선영 옮김, 『무엇이 탁월한 삶인가』, 마디, 2014.
박규철 외 7인, 『명예란 무엇인가』, 한국학술정보, 2012.
윤홍균, 『자존감 수업』, 심플라이프, 2016.

2 김용규, 『도덕을 위한 철학 통조림』, 주니어김영사, 2014, 3~4장.

3 김근배, 『애덤 스미스의 따뜻한 손』, 중앙books, 2016, 3장.

4 리처드 도킨스, 홍영남·이상임 옮김, 『이기적 유전자』, 을유문화사, 2010.

5 에리히 프롬, 강주헌 옮김, 『자기를 위한 인간』, 나무생각, 2018.

6 라인홀드 니부어, 이한우 옮김, 『도덕적 인간과 비도덕적 사회』, 문예출판사, 2017.

7 지바 마사야, 박제이 옮김, 『공부의 철학』, 책세상, 2017.

8 이동용, 『망각 교실』, 이파르, 2016.
——, 『디오니소스의 귀환』, 이담북스, 2016.
——, 『춤추는 도덕』, 이담북스, 2017.

9 강신주, 『매달린 절벽에서 손을 뗄 수 있는가?』, 동녘, 2014, 1부.

## 프랑스엔 〈크세주〉, 일본엔 〈이와나미 문고〉, 한국에는 〈살림지식총서〉가 있습니다.

001 미국의 좌파와 우파 | 이주영
002 미국의 정체성 | 김형인
003 마이너리티 역사 | 손영호
004 두 얼굴을 가진 하나님 | 김형인
005 MD | 정욱식
006 반미 | 김진웅
007 영화로 보는 미국 | 김성곤
008 미국 뒤집어보기 | 장석정
009 미국 문화지도 | 장석정
010 미국 메모랜덤 | 최성일
011 위대한 어머니 여신 | 장영란
012 변신이야기 | 김선자
013 인도신화의 계보 | 류경희
014 축제인류학 | 류정아
015 오리엔탈리즘의 역사 | 정진농
016 이슬람 문화 | 이희수
017 살롱문화 | 서정복
018 추리소설의 세계 | 정규웅
019 애니메이션의 장르와 역사 | 이용배
020 문신의 역사 | 조현설
021 색채의 상징, 색채의 심리 | 박영수
022 인체의 신비 | 이성주
023 생물학무기 | 배우철
024 이 땅에서 우리말로 철학하기 | 이기상
025 중세는 정말 암흑기였나 | 이경재
026 미셸 푸코 | 양운덕
027 포스트모더니즘에 대한 성찰 | 신승환
028 조폭의 계보 | 방성수
029 성스러움과 폭력 | 류성민
030 성상 파괴주의와 성상 옹호주의 | 진형준
031 UFO학 | 성시정
032 최면의 세계 | 설기문
033 천문학 탐구자들 | 이면우
034 블랙홀 | 이충환
035 법의학의 세계 | 이윤성
036 양자 컴퓨터 | 이순칠
037 마피아의 계보 | 안혁
038 헬레니즘 | 윤진
039 유대인 | 정성호
040 M. 엘리아데 | 정진홍
041 한국교회의 역사 | 서정민
042 야웨와 바알 | 김남일
043 캐리커처의 역사 | 박창석
044 한국 액션영화 | 오승욱
045 한국 문예영화 이야기 | 김남석
046 포켓몬 마스터 되기 | 김윤아
047 판타지 | 송태현
048 르 몽드 | 최연구
049 그리스 사유의 기원 | 김재홍
050 영혼론 입문 | 이정우
051 알베르 카뮈 | 유기환
052 프란츠 카프카 | 편영수
053 버지니아 울프 | 김희정
054 재즈 | 최규용
055 뉴에이지 음악 | 양한수
056 중국의 고구려사 왜곡 | 최광식
057 중국의 정체성 | 강준영
058 중국의 문화코드 | 강진석
059 중국사상의 뿌리 | 장현근
060 화교 | 정성호
061 중국인의 금기 | 장범성
062 무협 | 문현선
063 중국영화 이야기 | 임대근
064 경극 | 송철규
065 중국적 사유의 원형 | 박정근
066 수도원의 역사 | 최형걸
067 현대 신학 이야기 | 박만
068 요가 | 류경희
069 성공학의 역사 | 정해윤
070 진정한 프로는 변화가 즐겁다 | 김학선
071 외국인 직접투자 | 송의달
072 지식의 성장 | 이한구
073 사랑의 철학 | 이정은
074 유교문화와 여성 | 김미영
075 매체 정보란 무엇인가 | 구연상
076 피에르 부르디외와 한국사회 | 홍성민
077 21세기 한국의 문화혁명 | 이정덕
078 사건으로 보는 한국의 정치변동 | 양길현
079 미국을 만든 사상들 | 정경희
080 한반도 시나리오 | 정욱식
081 미국인의 발견 | 우수근
082 미국의 거장들 | 김홍국
083 법으로 보는 미국 | 채동배
084 미국 여성사 | 이창신
085 책과 세계 | 강유원
086 유럽왕실의 탄생 | 김현수
087 박물관의 탄생 | 전진성
088 절대왕정의 탄생 | 임승휘
089 커피 이야기 | 김성윤
090 축구의 문화사 | 이은호
091 세기의 사랑 이야기 | 안재필
092 반연극의 계보와 미학 | 임준서

093 한국의 연출가들 | 김남석
094 동아시아의 공연예술 | 서연호
095 사이코드라마 | 김정일
096 철학으로 보는 문화 | 신응철
097 장 폴 사르트르 | 변광배
098 프랑스 문화와 상상력 | 박기현
099 아브라함의 종교 | 공일주
100 여행 이야기 | 이진홍
101 아테네 | 장영란
102 로마 | 한형곤
103 이스탄불 | 이희수
104 예루살렘 | 최창모
105 상트 페테르부르크 | 방일권
106 하이델베르크 | 곽병휴
107 파리 | 김복래
108 바르샤바 | 최건영
109 부에노스아이레스 | 고부안
110 멕시코 시티 | 정혜주
111 나이로비 | 양철준
112 고대 올림픽의 세계 | 김복희
113 종교와 스포츠 | 이창익
114 그리스 미술 이야기 | 노성두
115 그리스 문명 | 최혜영
116 그리스와 로마 | 김덕수
117 알렉산드로스 | 조현미
118 고대 그리스의 시인들 | 김헌
119 올림픽의 숨은 이야기 | 장원재
120 장르 만화의 세계 | 박인하
121 성공의 길은 내 안에 있다 | 이숙영
122 모든 것을 고객중심으로 바꿔라 | 안상헌
123 중세와 토마스 아퀴나스 | 박경숙
124 우주 개발의 숨은 이야기 | 정홍철
125 나노 | 이영희
126 초끈이론 | 박재모·현승준
127 안토니 가우디 | 손세관
128 프랭크 로이드 라이트 | 서수경
129 프랭크 게리 | 이일형
130 리차드 마이어 | 이성훈
131 안도 다다오 | 임채진
132 색의 유혹 | 오수연
133 고객을 사로잡는 디자인 혁신 | 신언모
134 양주 이야기 | 김준철
135 주역과 운명 | 심의용
136 학계의 금기를 찾아서 | 강성민
137 미·중·일 새로운 패권전략 | 우수근
138 세계지도의 역사와 한반도의 발견 | 김상근
139 신용하 교수의 독도 이야기 | 신용하
140 간도는 누구의 땅인가 | 이성환
141 말리노프스키의 문화인류학 | 김용환
142 크리스마스 | 이영제
143 바로크 | 신정아
144 페르시아 문화 | 신규섭
145 패션과 명품 | 이재진
146 프랑켄슈타인 | 장정희
147 뱀파이어 연대기 | 한혜원
148 위대한 힙합 아티스트 | 김정훈
149 살사 | 최명호
150 모던 걸, 여우 목도리를 버려라 | 김주리
151 누가 하이카라 여성을 데리고 사누 | 김미지
152 스위트 홈의 기원 | 백지혜
153 대중적 감수성의 탄생 | 강심호
154 에로 그로 넌센스 | 소래섭
155 소리가 만들어낸 근대의 풍경 | 이승원
156 서울은 어떻게 계획되었는가 | 염복규
157 부엌의 문화사 | 함한희
158 칸트 | 최인숙
159 사람은 왜 인정받고 싶어하나 | 이정은
160 지중해학 | 박상진
161 동북아시아 비핵지대 | 이삼성 외
162 서양 배우의 역사 | 김정수
163 20세기의 위대한 연극인들 | 김미혜
164 영화음악 | 박신영
165 한국독립영화 | 김수남
166 영화와 샤머니즘 | 이종승
167 영화로 보는 불륜의 사회학 | 황혜진
168 J.D. 샐린저와 호밀밭의 파수꾼 | 김성곤
169 허브 이야기 | 조태동·송진희
170 프로레슬링 | 성민수
171 프랑크푸르트 | 이기식
172 바그다드 | 이동은
173 아테네인, 스파르타인 | 윤진
174 정치의 원형을 찾아서 | 최자영
175 소르본 대학 | 서정복
176 테마로 보는 서양미술 | 권용준
177 칼 마르크스 | 박영균
178 허버트 마르쿠제 | 손철성
179 안토니오 그람시 | 김현우
180 안토니오 네그리 | 윤수종
181 박이문의 문학과 철학 이야기 | 박이문
182 상상력과 가스통 바슐라르 | 홍명희
183 인간복제의 시대가 온다 | 김홍재
184 수소 혁명의 시대 | 김미선
185 로봇 이야기 | 김문상
186 일본의 정체성 | 김필동
187 일본의 서양문화 수용사 | 정하미
188 번역과 일본의 근대 | 최경옥
189 전쟁국가 일본 | 이성환
190 한국과 일본 | 하우봉
191 일본 누드 문화사 | 최유경
192 주신구라 | 이준섭
193 일본의 신사 | 박규태
194 미야자키 하야오 | 김윤아
195 애니메이션으로 보는 일본 | 박규태
196 디지털 에듀테인먼트 스토리텔링 | 강심호
197 디지털 애니메이션 스토리텔링 | 배주영
198 디지털 게임의 미학 | 전경란
199 디지털 게임 스토리텔링 | 한혜원
200 한국형 디지털 스토리텔링 | 이인화

201 디지털 게임, 상상력의 새로운 영토 | 이정엽
202 프로이트와 종교 | 권수영
203 영화로 보는 태평양전쟁 | 이동훈
204 소리의 문화사 | 김토일
205 극장의 역사 | 임종엽
206 뮤지엄건축 | 서상우
207 한옥 | 박명덕
208 한국만화사 산책 | 손상익
209 만화 속 백수 이야기 | 김성훈
210 코믹스 만화의 세계 | 박석환
211 북한만화의 이해 | 김성훈·박소현
212 북한 애니메이션 | 이대연·김경임
213 만화로 보는 미국 | 김기홍
214 미생물의 세계 | 이재열
215 빛과 색 | 변종철
216 인공위성 | 장영근
217 문화콘텐츠란 무엇인가 | 최연구
218 고대 근동의 신화와 종교 | 강성열
219 신비주의 | 금인숙
220 십자군, 성전과 약탈의 역사 | 진원숙
221 종교개혁 이야기 | 이성덕
222 자살 | 이진홍
223 성, 그 억압과 진보의 역사 | 윤가현
224 아파트의 문화사 | 박철수
225 권오길 교수가 들려주는 생물의 섹스 이야기 | 권오길
226 동물행동학 | 임신재
227 한국 축구 발전사 | 김성원
228 월드컵의 위대한 전설 | 서준형
229 월드컵의 강국들 | 심재희
230 스포츠 마케팅의 세계 | 박찬혁
231 일본의 이중권력, 쇼군과 천황 | 다카시로 고이치
232 일본의 사소설 | 안영희
233 글로벌 매너 | 박한표
234 성공하는 중국 진출 가이드북 | 우수근
235 20대의 정체성 | 정성호
236 중년의 사회학 | 정성호
237 인권 | 차병직
238 헌법재판 이야기 | 오호택
239 프라하 | 김규진
240 부다페스트 | 김성진
241 보스턴 | 황선희
242 돈황 | 전인초
243 보들레르 | 이건수
244 돈 후안 | 정동섭
245 사르트르 참여문학론 | 변광배
246 문체론 | 이종오
247 올더스 헉슬리 | 김효원
248 탈식민주의에 대한 성찰 | 박종성
249 서양 무기의 역사 | 이내주
250 백화점의 문화사 | 김인호
251 초콜릿 이야기 | 정한진
252 향신료 이야기 | 정한진
253 프랑스 미식 기행 | 심순철
254 음식 이야기 | 윤진아
255 비틀스 | 고영탁
256 현대시와 불교 | 오세영
257 불교의 선악론 | 안옥선
258 질병의 사회사 | 신규환
259 와인의 문화사 | 고형욱
260 와인, 어떻게 즐길까 | 김준철
261 노블레스 오블리주 | 예종석
262 미국인의 탄생 | 김진웅
263 기독교의 교파 | 남병두
264 플로티노스 | 조규홍
265 아우구스티누스 | 박경숙
266 안셀무스 | 김영철
267 중국 종교의 역사 | 박종우
268 인도의 신화와 종교 | 정광흠
269 이라크의 역사 | 공일주
270 르 코르뷔지에 | 이관석
271 김수영, 혹은 시적 양심 | 이은정
272 의학사상사 | 여인석
273 서양의학의 역사 | 이재담
274 몸의 역사 | 강신익
275 인류를 구한 항균제들 | 예병일
276 전쟁의 판도를 바꾼 전염병 | 예병일
277 사상의학 바로 알기 | 장동민
278 조선의 명의들 | 김호
279 한국인의 관계심리학 | 권수영
280 모건의 가족 인류학 | 김용환
281 예수가 상상한 그리스도 | 김호경
282 사르트르와 보부아르의 계약결혼 | 변광배
283 초기 기독교 이야기 | 진원숙
284 동유럽의 민족 분쟁 | 김철민
285 비잔틴제국 | 진원숙
286 오스만제국 | 진원숙
287 별을 보는 사람들 | 조상호
288 한미 FTA 후 직업의 미래 | 김준성
289 구조주의와 그 이후 | 김종우
290 아도르노 | 이종하
291 프랑스 혁명 | 서정복
292 메이지유신 | 장인성
293 문화대혁명 | 백승욱
294 기생 이야기 | 신현규
295 에베레스트 | 김법모
296 빈 | 인성기
297 발트3국 | 서진석
298 아일랜드 | 한일동
299 이케다 하야토 | 권혁기
300 박정희 | 김성진
301 리콴유 | 김성진
302 덩샤오핑 | 박형기
303 마거릿 대처 | 박동운
304 로널드 레이건 | 김형곤
305 셰이크 모하메드 | 최진영
306 유엔사무총장 | 김정태
307 농구의 탄생 | 손대범
308 홍차 이야기 | 정은희

309 인도 불교사 | 김미숙
310 아힌사 | 이정호
311 인도의 경전들 | 이재숙
312 글로벌 리더 | 백형찬
313 탱고 | 배수경
314 미술경매 이야기 | 이규현
315 달마와 그 제자들 | 우봉규
316 화두와 좌선 | 김호귀
317 대학의 역사 | 이광주
318 이슬람의 탄생 | 진원숙
319 DNA분석과 과학수사 | 박기원
320 대통령의 탄생 | 조지형
321 대통령의 퇴임 이후 | 김형곤
322 미국의 대통령 선거 | 윤용희
323 프랑스 대통령 이야기 | 최연구
324 실용주의 | 이유선
325 맥주의 세계 | 원융희
326 SF의 법칙 | 고장원
327 원효 | 김원명
328 베이징 | 조창완
329 상하이 | 김윤희
330 홍콩 | 유영하
331 중화경제의 리더들 | 박형기
332 중국의 엘리트 | 주장환
333 중국의 소수민족 | 정재남
334 중국을 이해하는 9가지 관점 | 우수근
335 고대 페르시아의 역사 | 유흥태
336 이란의 역사 | 유흥태
337 에스파한 | 유흥태
338 번역이란 무엇인가 | 이향
339 해체론 | 조규형
340 자크 라캉 | 김용수
341 하지홍 교수의 개 이야기 | 하지홍
342 다방과 카페, 모던보이의 아지트 | 장유정
343 역사 속의 채식인 | 이광조
344 보수와 진보의 정신분석 | 김용신
345 저작권 | 김기태
346 왜 그 음식은 먹지 않을까 | 정한진
347 플라멩코 | 최명호
348 월트 디즈니 | 김지영
349 빌 게이츠 | 김익현
350 스티브 잡스 | 김상훈
351 잭 웰치 | 하정필
352 워렌 버핏 | 이민주
353 조지 소로스 | 김성진
354 마쓰시타 고노스케 | 권혁기
355 도요타 | 이우광
356 기술의 역사 | 송성수
357 미국의 총기 문화 | 손영호
358 표트르 대제 | 박지배
359 조지 워싱턴 | 김형곤
360 나폴레옹 | 서정복
361 비스마르크 | 김장수
362 모택동 | 김승일
363 러시아의 정체성 | 기연수
364 너는 시방 위험한 로봇이다 | 오은
365 발레리나를 꿈꾼 로봇 | 김선혁
366 로봇 선생님 가라사대 | 안동근
367 로봇 디자인의 숨겨진 규칙 | 구신애
368 로봇을 향한 열정, 일본 애니메이션 | 안병욱
369 도스토예프스키 | 박영은
370 플라톤의 교육 | 장영란
371 대공황 시대 | 양동휴
372 미래를 예측하는 힘 | 최연구
373 꼭 알아야 하는 미래 질병 10가지 | 우정헌
374 과학기술의 개척자들 | 송성수
375 레이첼 카슨과 침묵의 봄 | 김재호
376 좋은 문장 나쁜 문장 | 송준호
377 바울 | 김호경
378 테킬라 이야기 | 최명호
379 어떻게 일본 과학은 노벨상을 탔는가 | 김범성
380 기후변화 이야기 | 이유진
381 샹송 | 전금주
382 이슬람 예술 | 전완경
383 페르시아의 종교 | 유흥태
384 삼위일체론 | 유해무
385 이슬람 율법 | 공일주
386 금강경 | 곽철환
387 루이스 칸 | 김낙중·정태용
388 톰 웨이츠 | 신주현
389 위대한 여성 과학자들 | 송성수
390 법원 이야기 | 오호택
391 명예훼손이란 무엇인가 | 안상운
392 사법권의 독립 | 조지형
393 피해자학 강의 | 장규원
394 정보공개란 무엇인가 | 안상운
395 적정기술이란 무엇인가 | 김정태·홍성욱
396 치명적인 금융위기, 왜 유독 대한민국인가 | 오형규
397 지방자치단체, 돈이 새고 있다 | 최인욱
398 스마트 위험사회가 온다 | 민경식
399 한반도 대재난, 대책은 있는가 | 이정직
400 불안사회 대한민국, 복지가 해답인가 | 신광영
401 21세기 대한민국 대외전략 | 김기수
402 보이지 않는 위협, 종북주의 | 류현수
403 우리 헌법 이야기 | 오호택
404 핵심 중국어 간체자(简体字) | 김현정
405 문화생활과 문화주택 | 김용범
406 미래 주거의 대안 | 김세용·이재준
407 개방과 폐쇄의 딜레마, 북한의 이중적 경제 | 남성욱·정유석
408 연극과 영화를 통해 본 북한 사회 | 민병욱
409 먹기 위한 개방, 살기 위한 핵외교 | 김계동
410 북한 정권 붕괴 가능성과 대비 | 전경주
411 북한을 움직이는 힘, 군부의 패권경쟁 | 이영훈
412 인민의 천국에서 벌어지는 인권유린 | 허만호
413 성공을 이끄는 마케팅 법칙 | 추성엽
414 커피로 알아보는 마케팅 베이직 | 김민주
415 쓰나미의 과학 | 이호준
416 20세기를 빛낸 극작가 20인 | 백승무

417 20세기의 위대한 지휘자 | 김문경
418 20세기의 위대한 피아니스트 | 노태헌
419 뮤지컬의 이해 | 이동섭
420 위대한 도서관 건축 순례 | 최정태
421 아름다운 도서관 오디세이 | 최정태
422 롤링 스톤즈 | 김기범
423 서양 건축과 실내 디자인의 역사 | 천진희
424 서양 가구의 역사 | 공혜원
425 비주얼 머천다이징&디스플레이 디자인 | 강희수
426 호감의 법칙 | 김경호
427 시대의 지성 노암 촘스키 | 임기대
428 역사로 본 중국음식 | 신계숙
429 일본요리의 역사 | 박병학
430 한국의 음식문화 | 도현신
431 프랑스 음식문화 | 민혜련
432 중국차 이야기 | 조은아
433 디저트 이야기 | 안호기
434 치즈 이야기 | 박승용
435 면(麵) 이야기 | 김한송
436 막걸리 이야기 | 정은숙
437 알렉산드리아 비블리오테카 | 남태우
438 개헌 이야기 | 오호택
439 전통 명품의 보고, 규장각 | 신병주
440 에로스의 예술, 발레 | 김도윤
441 소크라테스를 알라 | 장영란
442 소프트웨어가 세상을 지배한다 | 김재호
443 국제난민 이야기 | 김철민
444 셰익스피어 그리고 인간 | 김도윤
445 명상이 경쟁력이다 | 김필수
446 갈매나무의 시인 백석 | 이숭원
447 브랜드를 알면 자동차가 보인다 | 김흥식
448 파이온에서 힉스 입자까지 | 이강영
449 알고 쓰는 화장품 | 구희연
450 희망이 된 인문학 | 김호연
451 한국예술의 큰 별 동랑 유치진 | 백형찬
452 경허와 그 제자들 | 우봉규
453 논어 | 윤홍식
454 장자 | 이기동
455 맹자 | 장현근
456 관자 | 신창호
457 순자 | 윤무학
458 미사일 이야기 | 박준복
459 사주(四柱) 이야기 | 이지형
460 영화로 보는 로큰롤 | 김기범
461 비타민 이야기 | 김정환
462 장군 이순신 | 도현신
463 전쟁의 심리학 | 이윤규
464 미국의 장군들 | 여영무
465 첨단무기의 세계 | 양낙규
466 한국무기의 역사 | 이내주
467 노자 | 임헌규
468 한비자 | 윤찬원
469 묵자 | 박문현
470 나는 누구인가 | 김용신
471 논리적 글쓰기 | 여세주
472 디지털 시대의 글쓰기 | 이강룡
473 NLL을 말하다 | 이상철
474 뇌의 비밀 | 서유헌
475 버트런드 러셀 | 박병철
476 에드문트 후설 | 박인철
477 공간 해석의 지혜, 풍수 | 이지형
478 이야기 동양철학사 | 강성률
479 이야기 서양철학사 | 강성률
480 독일 계몽주의의 유학적 기초 | 전홍석
481 우리말 한자 바로쓰기 | 안광희
482 유머의 기술 | 이상훈
483 관상 | 이태룡
484 가상학 | 이태룡
485 역경 | 이태룡
486 대한민국 대통령들의 한국경제 이야기 1 | 이장규
487 대한민국 대통령들의 한국경제 이야기 2 | 이장규
488 별자리 이야기 | 이형철 외
489 셜록 홈즈 | 김재성
490 역사를 움직인 중국 여성들 | 이양자
491 중국 고전 이야기 | 문승용
492 발효 이야기 | 이미란
493 이승만 평전 | 이주영
494 미군정시대 이야기 | 차상철
495 한국전쟁사 | 이희진
496 정전협정 | 조성훈
497 북한 대남 침투도발사 | 이윤규
498 수상 | 이태룡
499 성명학 | 이태룡
500 결혼 | 남정욱
501 광고로 보는 근대문화사 | 김병희
502 시조의 이해 | 임형선
503 일본인은 왜 속마음을 말하지 않을까 | 임영철
504 내 사랑 아다지오 | 양태조
505 수프림 오페라 | 김도윤
506 바그너의 이해 | 서정원
507 원자력 이야기 | 이정익
508 이스라엘과 창조경제 | 정성호
509 한국 사회 빈부의식은 어떻게 변했는가 | 김용신
510 요하 문명 (근간)
511 고조선왕조실록 | 이희진
512 고구려왕조실록 1 | 이희진
513 고구려왕조실록 2 | 이희진
514 백제왕조실록 1 | 이희진
515 백제왕조실록 2 | 이희진
516 신라왕조실록 1 | 이희진
517 신라왕조실록 2 | 이희진
518 신라왕조실록 3 | 이희진
519 가야왕조실록 | 이희진
520 발해왕조실록 | 구난희
521 고려왕조실록 1 (근간)
522 고려왕조실록 2 (근간)
523 조선왕조실록 1 | 이성무
524 조선왕조실록 2 | 이성무

525 조선왕조실록 3 | 이성무
526 조선왕조실록 4 | 이성무
527 조선왕조실록 5 | 이성무
528 조선왕조실록 6 | 편집부
529 정한론 | 이기용
530 청일전쟁 (근간)
531 러일전쟁 (근간)
532 이슬람 전쟁사 | 진원숙
533 소주이야기 | 이지형
534 북한 남침 이후 3일간, 이승만 대통령의 행적 | 남정옥
535 제주 신화 1 | 이석범
536 제주 신화 2 | 이석범
537 제주 전설 1 | 이석범
538 제주 전설 2 | 이석범
539 제주 전설 3 | 이석범
540 제주 전설 4 | 이석범
541 제주 전설 5 | 이석범
542 제주 민담 | 이석범
543 서양의 명장 | 박기련
544 동양의 명장 | 박기련
545 루소, 교육을 말하다 | 고봉만·황성원
546 철학으로 본 앙트러프러너십 | 전인수
547 예술과 앙트러프러너십 | 조명계
548 예술마케팅 (근간)
549 비즈니스상상력 | 전인수
550 개념설계의 시대 | 전인수
551 미국 독립전쟁 | 김형곤
552 미국 남북전쟁 | 김형곤
553 초기불교 이야기 | 곽철환
554 한국가톨릭의 역사 | 서정민
555 시아 이슬람 | 유흥태
556 스토리텔링에서 스토리두잉으로 | 윤주
557 백세시대의 지혜 | 신현동
558 구보 씨가 살아온 한국 사회 | 김병희
559 정부광고로 보는 일상생활사 | 김병희
560 정부광고의 국민계몽 캠페인 | 김병희
561 도시재생 이야기 | 윤주
562 한국의 핵무장 | 김재엽
563 고구려 비문의 비밀 | 정호섭
564 비슷하면서도 다른 한중문화 | 장범성
565 급변하는 현대 중국의 일상 | 장시·리우린, 장범성
566 중국의 한국 유학생들 | 왕링윈·장범성
567 밥 딜런 그의 나라에는 누가 사는가 | 오민석
568 언론으로 본 정부정책의 변천 | 김병희
569 전통과 보수의 나라 영국 1-영국 역사 | 한일동
570 전통과 보수의 나라 영국 2-영국 문화 | 한일동
571 전통과 보수의 나라 영국 3-영국 현대 | 김언조
572 제1차 세계대전 | 윤형호
573 제2차 세계대전 | 윤형호

# 개념설계의 시대

펴낸날 초판 1쇄 2019년 1월 1일

지은이 전인수
펴낸이 심만수
펴낸곳 (주)살림출판사
출판등록 1989년 11월 1일 제9-210호

주소 경기도 파주시 광인사길 30
전화 031-955-1350 팩스 031-624-1356
홈페이지 http://www.sallimbooks.com
이메일 book@sallimbooks.com

ISBN 978-89-522-4004-0 04080
978-89-522-0096-9 04080 (세트)

※ 값은 뒤표지에 있습니다.
※ 잘못 만들어진 책은 구입하신 서점에서 바꾸어 드립니다.

이 도서의 국립중앙도서관 출판시도서목록(CIP)은 서지정보유통지원시스템 홈페이지(http://seoji.nl.go.kr)와 국가자료공동목록시스템(http://www.nl.go.kr/kolisnet)에서 이용하실 수 있습니다.(CIP제어번호: CIP2018038156)

책임편집·교정교열 **최문용**

## 122 모든 것을 고객중심으로 바꿔라 eBook

안상헌(국민연금관리공단 CS Leader)

고객중심의 서비스전략을 일상의 모든 부분에 적용해야 한다는 가르침을 주는 책. 나 이외의 모든 사람을 고객으로 보고 서비스가 살아야 우리도 산다는 평범한 진리의 힘을 느끼게 해 준다. 피뢰침의 원칙, 책임공감의 원칙, 감정통제의 원칙, 언어절제의 원칙, 역지사지의 원칙이 사람을 상대하는 5가지 기본 원칙으로 제시된다.

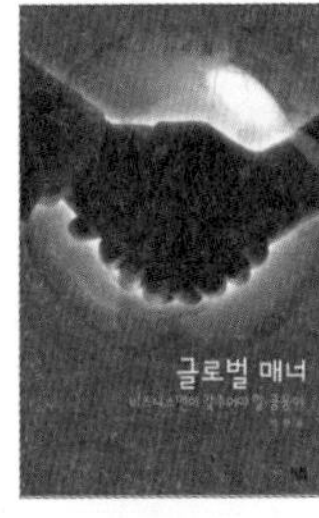

## 233 글로벌 매너

박한표(대전와인아카데미 원장)

매너는 에티켓과는 다르다. 에티켓이 인간관계를 원활하게 해주는 사회적 불문율로서의 규칙이라면, 매너는 일상생활 속에 에티켓을 적용하는 방식을 말한다. 삶을 잘 사는 방법인 매너의 의미를 설명하고, 글로벌 시대에 우리가 기본적으로 갖추어야 할 국제매너를 구체적으로 소개한 책. 삶의 예술이자 경쟁력인 매너의 핵심 내용을 소개한다.

## 350 스티브 잡스 eBook

김상훈(동아일보 기자)

스티브 잡스는 시기심과 자기과시, 성공에의 욕망으로 똘똘 뭉친 불완전한 사람이었다. 하지만 동시에 강철 같은 의지로 자신의 불완전함을 극복하고 사회에 가치 있는 일을 하고자 노력했던 위대한 정신의 소유자이기도 하다. 이 책은 스티브 잡스의 삶을 통해 불완전한 우리 자신에 내재된 위대한 본성을 찾아내고자 한다.

## 352 워렌 버핏 eBook

이민주(한국투자연구소 버핏연구소 소장)

'오마하의 현인'이라고 불리는 워렌 버핏. 그는 일찌감치 자신의 투자 기준을 마련한 후, 금융 일번지 월스트리트가 아닌 자신의 고향 오마하로 와서 본격적인 투자사업을 시작한다. 그의 성공은 성공하는 투자의 출발점은 결국 자기 자신이라는 점을 보여 준다. 워렌 버핏의 삶을 통해 세계 최고의 부자는 어떻게 만들어지는가를 살펴보자.

## 145 패션과 명품

eBook

이재진(패션 칼럼니스트)

패션 산업과 명품에 대한 이해를 돕는 책. 샤넬, 크리스찬 디올, 아르마니, 베르사체, 버버리, 휴고보스 등 브랜드의 탄생 배경과 명품으로 불리는 까닭을 알려 준다. 이 밖에도 이 책은 사람들이 명품을 찾는 심리는 무엇인지, 유명 브랜드들이 어떤 컨셉과 마케팅 전략을 취하는지 등을 살펴본다.

## 434 치즈 이야기

eBook

박승용(천안연암대 축산계열 교수)

우리 식문화 속에 다채롭게 자리 잡고 있는 치즈를 여러 각도에서 살펴 본 작은 '치즈 사전'이다. 치즈를 고르고 먹는 데 필요한 아기자기한 상식에서부터 나라별 대표 치즈 소개, 치즈에 대한 오해와 진실, 와인에 어울리는 치즈 선별법까지, 치즈를 이해하는 데 필요한 지식과 정보가 골고루 녹아들었다.

## 435 면 이야기

eBook

김한송(요리사)

면(국수)은 세계 각국으로 퍼져 나가면서 제각기 다른 형태로 조리법이 바뀌고 각 지역 특유의 색깔이 결합하면서 독특한 문화 형태로 발전했다. 칼국수를 사랑한 대통령에서부터 파스타의 기하학까지, 크고 작은 에피소드에 귀 기울이는 동안 독자들은 면의 또 다른 매력을 발견할 수 있을 것이다.

## 436 막걸리 이야기

eBook

정은숙(기행작가)

우리 땅 곳곳의 유명 막걸리 양조장과 대폿집을 순례하며 그곳의 풍경과 냄새, 무엇보다 막걸리를 만들고 내오는 이들의 정(情)을 담아내기 위해 애쓴 흔적이 역력하다. 효모 연구가의 단단한 손끝에서 만들어지는 막걸리에서부터 대통령이 애호했던 막걸리, 지역 토박이 부부가 휘휘 저어 건네는 순박한 막걸리까지, 또 여기에 막걸리 제조법과 변천사, 대폿집의 역사까지 아우르고 있다.

## 253 프랑스 미식 기행

eBook

심순철(식품영양학과 강사)

프랑스의 각 지방 음식을 소개하면서 거기에 얽힌 역사적인 사실과 문화적인 배경을 재미있게 소개하고 있다. 누가 읽어도 프랑스 음식문화에 대해 어느 정도 이해할 수 있도록 복잡하지 않게, 이야기하듯 쓰인 것이 장점이다. 프랑스로 미식 여행을 떠나고자 하는 이에게 맛과 멋과 향이 어우러진 프랑스의 역사와 문화를 소개하는 책.

---

## 132 색의 유혹 색채심리와 컬러 마케팅

eBook

오수연(한국마케팅연구원 연구원)

색이 인간에게 미치는 영향과 이를 이용한 컬러 마케팅이 어떤 기법으로 발전했는가를 보여 준다. 색은 생리적 또는 심리적 면에서 사람들에게 많은 영향을 미친다. 컬러가 제품을 파는 시대'의 마케팅에서 주로 사용되는 6가지 대표색을 중심으로 컬러의 트렌드를 읽어 색이 가지는 이미지의 변화를 소개한다.

---

## 447 브랜드를 알면 자동차가 보인다

김흥식(「오토헤럴드」 편집장)

세계의 자동차 브랜드가 그 가치를 지니기까지의 역사, 그리고 이를 위해 땀 흘린 장인들에 관한 이야기. 무명의 자동차 레이서가 세계 최고의 자동차 브랜드를 일궈내고, 어머니를 향한 아들의 효심이 최강의 경쟁력을 자랑하는 자동차 브랜드로 이어지기까지의 짧지 않은 역사가 우리 눈에 익숙한 엠블럼과 함께 명쾌하게 정리됐다.

---

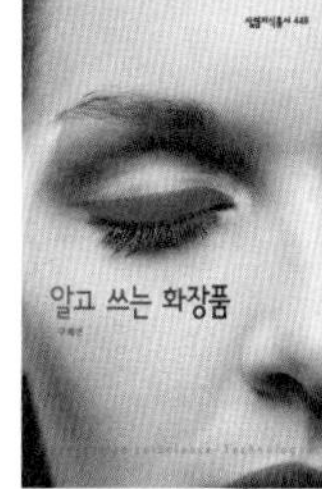


## 449 알고 쓰는 화장품

eBook

구희연(3020안티에이징연구소 이사)

화장품을 고르는 당신의 기준은 무엇인가? 우리는 음식을 고르듯 화장품 선택에 꼼꼼한 편인가? 이 책은 화장품 성분을 파악하는 법부터 화장품의 궁합까지 단순한 화장품 선별 가이드로써의 역할이 아니라 궁극적으로 당신의 '아름답고 건강한 피부'를 만들기 위한 지침서다.

eBook 표시가 되어있는 도서는 전자책으로 구매가 가능합니다.

069 성공학의 역사 | 정해윤 eBook
070 진정한 프로는 변화가 즐겁다 | 김학선 eBook
071 외국인 직접투자 | 송의달
082 미국의 거장들 | 김홍국 eBook
121 성공의 길은 내 안에 있다 | 이숙영 eBook
122 모든 것을 고객 중심으로 바꿔라 | 안상헌 eBook
132 색의 유혹 | 오수연 eBook
133 고객을 사로잡는 디자인 혁신 | 신언모
134 양주 이야기 | 김준철 eBook
145 패션과 명품 | 이재진 eBook
169 허브 이야기 | 조태동 · 송진희
170 프로레슬링 | 성민수 eBook
230 스포츠 마케팅의 세계 | 박찬혁
233 글로벌 매너 | 박한표
234 성공하는 중국 진출 가이드북 | 우수근
253 프랑스 미식 기행 | 심순철
254 음식 이야기 | 윤진아
260 와인, 어떻게 즐길까 | 김준철
307 농구의 탄생 | 손대범 eBook
325 맥주의 세계 | 원융희
348 월트 디즈니 | 김지영
349 빌 게이츠 | 김익현
350 스티브 잡스 | 김상훈
351 잭 웰치 | 하정필
352 워렌 버핏 | 이민주
353 조지 소로스 | 김성진
354 마쓰시타 고노스케 | 권혁기
355 도요타 | 이우광
372 미래를 예측하는 힘 | 최연구 eBook
404 핵심 중국어 간체자 | 김현정 eBook
413 성공을 이끄는 마케팅 법칙 | 추성엽 eBook
414 커피로 알아보는 마케팅 베이직 | 김민주
425 비주얼 머천다이징 & 디스플레이 디자인 | 강희수
426 호감의 법칙 | 김경호
432 중국차 이야기 | 조은아 eBook
433 디저트 이야기 | 안호기 eBook
434 치즈 이야기 | 박승용 eBook
435 면 이야기 | 김한송 eBook
436 막걸리 이야기 | 정은숙 eBook
445 명상이 경쟁력이다 | 김필수 eBook
447 브랜드를 알면 자동차가 보인다 | 김흥식 eBook
449 알고 쓰는 화장품 | 구희연 eBook

㈜살림출판사
www.sallimbooks.com
주소 경기도 파주시 문발동 522-1 | 전화 031-955-1350 | 팩스 031-955-1355